OS MANTRAS MAIS PODEROSOS DE TODOS OS TEMPOS

PATRÍCIA CÂNDIDO

OS MANTRAS MAIS PODEROSOS DE TODOS OS TEMPOS

Luz da Serra
EDITORA

Produção editorial
Tatiana Müller

Revisão
Marcos Seefeld

Capa
Rafael Brum

Projeto gráfico
L Aquino Editora

Imagens do miolo
Freepik.com.br

LUZ DA SERRA EDITORA LTDA.
Rua das Calêndulas, 62
Bairro Juriti - Nova Petrópolis/RS
CEP 95150-000
loja@luzdaserra.com.br
www.luzdaserra.com.br
loja.luzdaserraeditora.com.br
Fones: (54) 99263-0619

Dados Internacionais de Catalogação na Publicação (CIP)
(BENITEZ Catalogação Ass. Editorial, MS, Brasil)

C223m Cândido, Patrícia

1. ed. Os mantras mais poderosos de todos os tempos / Patrícia Cândido. – 1. ed. – Nova Petrópolis, RS : Luz da Serra Editora, 2022.

224 p.; 16 x 23 cm.

ISBN 978-65-88484-50-0

1. Autoajuda. 2. Desenvolvimento pessoal. 3. Equilíbrio emocional. 4. Espiritualidade. 5. Mantras. I. Título.

03-2022/67   CDD–158

Índices para catálogo sistemático:
1. Autoajuda : Desenvolvimento pessoal: Psicologia   158
Bibliotecária : Aline Graziele Benitez CRB-1/3129

Todos os direitos reservados. Nenhuma parte desta obra pode ser reproduzida ou transmitida por qualquer forma e/ou quaisquer meios (eletrônico ou mecânico, incluindo fotocópia e gravação) ou arquivada em qualquer sistema ou banco de dados sem permissão escrita da Editora.

SUMÁRIO

A minha história com os mantras
e as razões deste livro..10

Os mantras transformam vidas..23

A origem dos mantras..30

Os chacras e os bija mantras..37

Como praticar...58

"No princípio, era o verbo"...71

Os 30 mantras mais poderosos de todos os tempos........78

Desafio 1: Harmonizar a família..................................80

Desafio 2: Encontrar sua missão de alma....................84

Desafio 3: Atrair prosperidade....................................88

Desafio 4: Receber proteção energética....................92

Desafio 5: Alcançar equilíbrio emocional..................96

Desafio 6: Afastar o mal..100

Desafio 7: Atrair o amor..106

Desafio 8: Harmonizar e curar relacionamentos............110

Desafio 9: Colocar os órgãos na frequência correta........114

Desafio 10: Ter saúde..118

Desafio 11: Dominar o medo......................................122

Desafio 12: Afastar maus espíritos............................126

Desafio 13: Afastar a solidão e atrair uma companhia...130

Desafio 14: Ajudar crianças a encontrarem harmonia e equilíbrio..134

Desafio 15: Adquirir confiança
e força interior, sentir-se mais seguro...........................138

Desafio 16: Atrair sorte..142

Desafio 17: Alcançar evolução espiritual......................146

Desafio 18: Conquistar a cura do corpo /
ter um corpo saudável e atlético....................................150

Desafio 19: Estimular a criatividade e o intelecto /
favorecer os estudos..154

Desafio 20: Conectar-se com a fonte
do Amor Universal..158

Desafio 21: Buscar orientação divina...........................162

Desafio 22: Invocar a presença de Jesus......................166

Desafio 23: Invocar a presença de Kuan Yin................170

Desafio 24: Despertar seu mestre interior....................174

Desafio 25: Equilibrar e harmonizar a sexualidade........178

Desafio 26: Despertar seu poder e autoestima, sua força feminina..................182

Desafio 27: Atravessar crises com equilíbrio.................186

Desafio 28: Unir-se a Deus...............................190

Desafio 29: Conquistar paz entre todos os seres............194

Desafio 30: Buscar saúde e equilíbrio aos animais de estimação................................197

Circuitos de mantras......................................200

Circuito 1: Cura dos ambientes e prosperidade..........201

Circuito 2: Transmutação e cura........................204

Circuito 3: Mantras dos signos solares.......................208

Circuito 4: Mantras dos planetas e luminares...........210

Dúvidas frequentes.......................................212

O ponto de partida para novas descobertas.................219

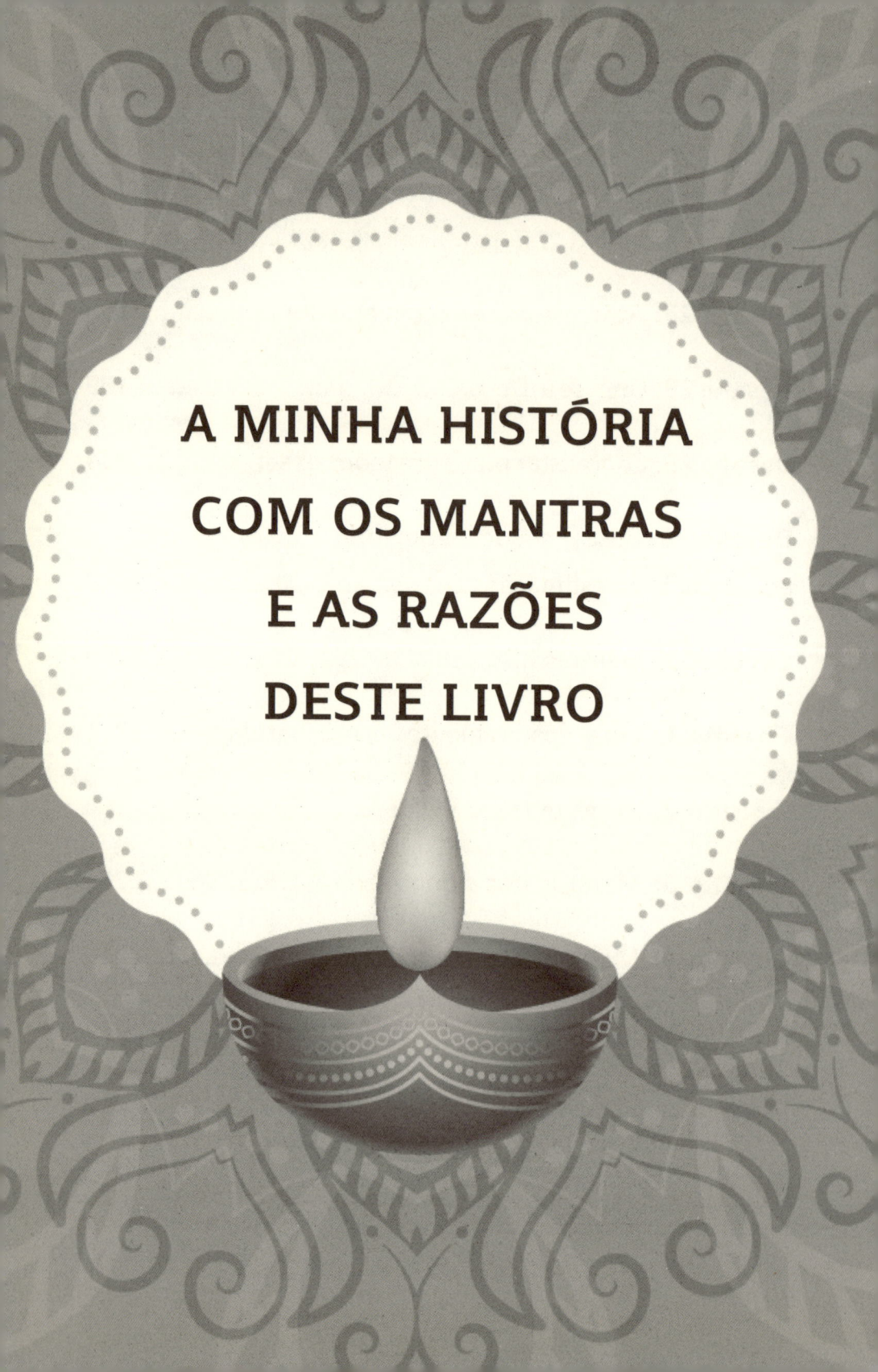

A MINHA HISTÓRIA COM OS MANTRAS E AS RAZÕES DESTE LIVRO

E aí, gente profunda! Eu sou Patrícia Cândido, filósofa e escritora best-seller internacional, com 21 obras publicadas. Sou uma das fundadoras da Luz da Serra, uma instituição referência em desenvolvimento pessoal, que leva espiritualidade às pessoas de forma livre, sem dogmas ou paradigmas religiosos – uma empresa genuinamente espiritualista e universalista. Ela foi fundada em 2005, e, desde então, já formou quase 150 mil alunos, entre cursos on-line e presenciais.

Mas meu trabalho começou antes, em 2002, como mentora e palestrante na área do desenvolvimento da espiritualidade, além de atender por dez anos em consultório com práticas de terapias naturais, auxiliando milhares de pessoas em suas curas emocionais.

Em meados de 2004, comecei a escrever meu primeiro livro, chamado Grandes Mestres da Humanidade. Na época, eu dizia que estava elaborando 50 biografias, afinal, escrevi sobre 50 pessoas que transformaram o mundo através do amor. Para isso, precisei realizar uma ampla pesquisa sobre a Índia, o que me fez mergulhar profundamente na cultura hindu, estudando principalmente o Vedanta.

E foi através desse estudo que descobri os mantras, porque foi a Índia que difundiu a energia, a vibração e tudo o que eles são capazes de fazer por nós. Fiquei encantada com a cultura hindu, motivo pelo qual decidi aprender e praticar os mantras no consultório, nos cursos e na minha vida pessoal.

A partir de então, ao sair de casa, eu deixava os mantras tocando nos ambientes. Quando voltava, sentia que meu lar estava mais leve, que havia mais paz e harmonia, que minhas plantas estavam mais viçosas e meus cachorros, mais calmos.

Foi aos meus 33 anos que algo muito peculiar aconteceu: tive uma projeção astral ou viagem da alma, e durante o sono, de forma totalmente consciente, lembrei perfeitamente de uma vida passada onde eu era professora de sânscrito e mantras na Antiga Índia. Essa vinda dos mantras à parte consciente da minha mente despertou ainda mais conhecimento sobre eles e, definitivamente, os mantras se tornaram parte da minha rotina diária. Claro que estudei muito esta temática, aprendi com grandes gurus, mas essa experiência despertou uma espécie de poder extrafísico onde eu escuto um mantra e consigo traduzir em palavras o que ele é capaz de transformar.

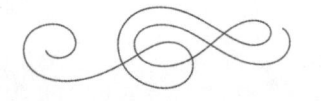

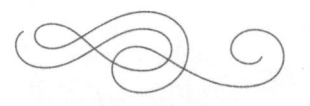

Na Índia é comum que as pessoas recebam de seu guru um nome espiritual, uma espécie de batismo hindu onde eles consideram o nosso nome galáctico, o nome da alma que nos acompanha em todas as existências. Quando descobrimos esse nome, ele é capaz de ancorar em nossa vida presente toda a força, sabedoria e aprendizados de nossa matriz original. O nome é similar ao grupo espiritual de nosso guru de alma, mentor espiritual que nos ajuda em nossa jornada de evolução. Eu nunca revelei isso a ninguém, não porque seja uma informação velada ou que necessite ficar escondida, mas apenas porque não havia ainda surgido um contexto onde esse nome precisasse ser revelado. Nesse momento, sinto vontade de compartilhar com você meu nome espiritual: Ramadhea! Isso mesmo, Ramadhea... Esse é meu nome cósmico, o nome galáctico que surgiu em uma meditação profunda na cidade de Venâncio Aires em 2005, onde estávamos nos preparando para uma iniciação de Reiki nível Mestre. Foi nesse dia que meu guru espiritual Rama revelou-me esse nome iniciático que está conectado ao grupo espiritual do sétimo avatar de Vishnu. Curiosamente, meu mapa numerológico apresenta muitos números sete, e dos avatares de Vishnu (o princípio da manutenção e preservação universal), Rama é o que mais me identifico.

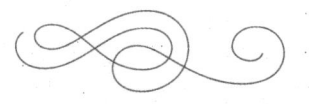

Se você também deseja encontrar seu nome espiritual, medite profundamente chamando seu primeiro nome, esse nome pelo qual você é conhecido, o nome que está registrado em seus documentos. No meu caso é Patrícia. Procure um local tranquilo, calmo, e evite ser interrompido. Concentre-se fazendo várias respirações profundas, e lentamente comece a repetir seu nome, como um mantra, e vá acelerando essa repetição aos poucos. Depois de um tempo, quando você intuir, silencie sua mente e aguarde, que seu nome espiritual surgirá. Talvez você não o compreenda na primeira vez, então persista e volte a meditar mais vezes com essa intenção, que seu nome espiritual surgirá.

Rama está muito presente nas literaturas e lendas indianas, e no épico Ramayana, que faz parte do Mahabharata[1], Rama aparece como um príncipe arqueiro que se envolve em uma perigosa história com a princesa Sita, o demônio Rávana e o amigo Hanuman. Outra curiosidade é que sou apaixonada por arco e flecha; sendo um esporte que sempre me chamou a atenção.

Dentro das tradições hindus, Mestre Rama foi um grande sábio, guerreiro e legislador, que reencarnou como sétimo avatar de Vishnu para restabelecer a justiça sobre a Terra, cerca de 4000 a.C. Ele vivia em meio à natureza, pesquisando sobre o poder curativo das plantas. Em sua comunidade druida, em alguns rituais, havia a prática de

---

[1] O Mahabharata, conhecido também como Maabárata, Mahabarata e Maha-Bharata, é um dos dois maiores épicos clássicos da Índia, juntamente com o Ramayana. Sua autoria é atribuída a Krishna Dvapayana Vyasa.

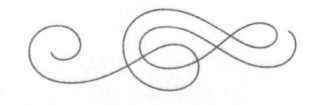

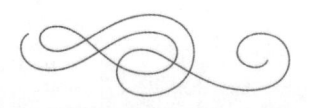

sacrifícios humanos. Não concordando com isso, o jovem Rama lutou bravamente para convencer os sacerdotes a eliminarem essa ritualística. Quando seu povo foi acometido por uma peste, Rama descobriu uma planta, o visco, que curou toda a população (mais uma sincronicidade, dessa vez com a Fitoenergética, da qual sou embaixadora). Com essa descoberta, foi aclamado como ídolo popular, tornando-se conhecido e, mais tarde, nomeado chefe dos sacerdotes de sua tribo.

Muitos anos mais tarde, no século IV a.C., o sábio poeta Valmiki inspirou-se na história do Mestre Rama para dar vida ao personagem Rama, o Príncipe, do épico Ramayana, um lindo poema que mostra a luta entre o bem e o mal.

Diz o épico que, na Índia Antiga, havia um nobre governante chamado Dasaratha, um grande rei, amado como herói pelo seu povo. Seus filhos eram considerados parte de Vishnu, e Rama era um deles. Quando o príncipe Rama estava com dezesseis anos, os sábios e sacerdotes do reino sofreram uma invasão de demônios que estavam perturbando a ordem local. O rei pediu aos seus filhos Rama e Lakshmana, que tinham muita amizade e afinidade entre si e eram excelentes arqueiros, que espantassem os demônios.

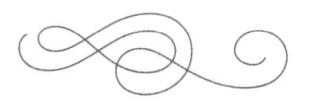

Então os irmãos partiram para a cidade de Mithila, onde o problema estava acontecendo. Chegando lá, eles resolveram tudo com sucesso, sendo aclamados pelo povo como heróis. Por esse feito, o rei Janaka concedeu a mão de sua filha, a princesa Sita, a Rama, e eles se casaram. Durante muitos anos, eles foram felizes e se amaram.

Um tempo depois, o rei já estava velho e tinha o desejo de entregar o reinado a Rama. A esposa do rei, a maldosa rainha Kaikeyi, usando suas artimanhas, convenceu o velho rei a lhe pagar dois favores que foram prometidos no passado: pediu que Rama fosse exilado por catorze anos e que o filho dela, Bharata, assumisse o trono.

Então Rama, compreendendo a difícil situação de seu pai com sua madrasta, embrenhou-se na floresta com a esposa Sita e seu fiel irmão Lakshmana.

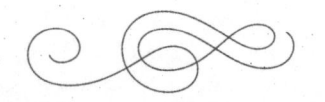

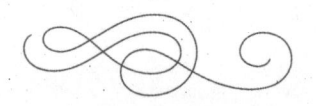

Durante o período em que viveram na floresta tudo corria bem, até que um dia, um ser maléfico chamado Ravana disfarçou-se de monge e chegou até a casa de Sita e Rama para pedir comida. A princesa Sita prontamente ofereceu-lhe um prato, quando foi enfeitiçada e sequestrada por Ravana. Tomando conhecimento disso, o príncipe Rama irritou-se por pensar que Sita havia fugido propositalmente com o malfeitor. Mesmo assim, o nobre guerreiro imediatamente pediu ajuda ao irmão para que resgatassem a princesa. O abnegado irmão sugeriu que Rama pedisse ajuda a Hanuman, um deus macaco que, no panteão hindu, representa o serviço devocional, totalmente dedicado às causas divinas. Hanuman convocou um enorme exército de macacos e, numa grande batalha, Ravana foi morto e Sita resgatada.

Logo após o resgate, Rama recusou-se a aceitar Sita como sua esposa novamente, pois estava com seu orgulho ferido e desconfiava que a princesa teria cedido aos desejos de Ravana. Em profundo desespero, Sita jogou-se em uma fogueira, pois preferia morrer a ser rejeitada por seu marido. Como ela era inocente, Agni, o deus do fogo, a retirou da fogueira e pediu a Rama que a aceitasse novamente, explicando sua situação. O nobre príncipe a aceitou novamente como sua esposa.

Os catorze anos se passaram e Rama foi coroado rei, iniciando uma era de prosperidade, saúde e bem-aventurança para seu povo.

Rama, que é a personificação da sabedoria, da justiça e do conhecimento divino, associado ao amor, paz e gratidão na figura de Sita, vencera o mal, o ego negativo e o eu inferior, representado por Ravana.

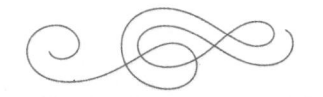

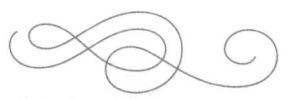

A intenção é trazer neste texto a essência dessa história magnífica que está presente nos corações de todos os hindus, porém ela tem muitas nuances de interpretação e profundidade. Este resumo é para que você tenha conhecimento sobre a história de Rama e Sita e as incríveis representações do bem e do mal na literatura védica[2].

ENSINAMENTOS ATRIBUÍDOS AO MESTRE RAMA:

A MENTE: "Quando sua mente for pura, sua felicidade será completa".

O APEGO: "Devido à falsa imaginação, uma corda é confundida com uma cobra; assim também o Eu Supremo é confundido com nossa realidade material, pela força de Maya (ilusão). Se pensarmos de forma profunda, o mundo material desaparece e somente Atman (Deus, o Todo) permanece".

"Enquanto te identificares com este corpo, sentir-te-ás miserável. A alma não é o corpo, os sentidos ou o ego. É por causa da ignorância que és afetado pelas ilusões mundanas".

---

[2] A literatura védica é a primeira do mundo, que foi manuscrita antes da civilização egípcia, grega ou mesopotâmica.

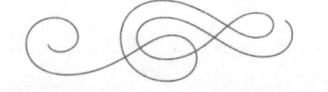

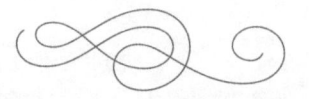

O DESEJO: "Vejo claramente que são raros os homens que não se abatem ao enfrentarem o perigo, ou que não são vencidos pela ilusão, que não se orgulham quando alcançam seus fins egoístas e que não se perturbam com os olhares tentadores. É raro encontrar homens assim".

"O conhecimento puro é aquele que mata todos os desejos e apegos. Todo trabalho baseado em segundas intenções deve ser abandonado, pois ele só o amarraria ao Samsara (roda de existências). Isso é prejudicial à obtenção do verdadeiro conhecimento".

O EU SOU: "Não te alegres demais se tiveres uma fortuna, nem te entristeças demais se a perderes. Tua mente deve manter-se em equilíbrio. Eu, Rama, sou a vida de todas as almas e tua mente deve fixar-se somente em mim".

OS RELACIONAMENTOS: "Não encontre defeitos nas outras pessoas. Controla tua mente, fala e corpo sem nunca te perturbares; Serve diariamente teu guru com devoção depois de purificar teu corpo e tua mente. Não descuides um único dia das práticas de boas ações".

A MEDITAÇÃO: "O yogue alcança a união com o Todo quando alcança a sabedoria de sentir o coração cósmico pulsando em todas as criaturas".

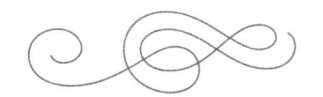

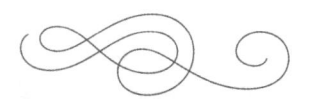

Nos últimos 15 anos, muito do que conquistei em termos de prosperidade, saúde, harmonia, felicidade, e até mesmo o trabalho que faço e que tanto me realiza, veio da prática de ouvir e entoar os mantras que você encontrará neste livro.

Alcancei o sucesso em inúmeros projetos porque conquistei, sobretudo, o real objetivo dos mantras: o controle mental. Com controle mental, é possível obter realizações em diversas áreas, porque uma mente serena e tranquila melhora o alcance da visão, o horizonte de expectativas, aprimorando a capacidade de discernir e tomar decisões lúcidas diante dos percalços da vida.

Discernimento e lucidez são as palavras que mais acompanham a prática dos mantras, porque à medida que nos aprofundamos nela, atingimos um elevado grau de autoconhecimento e desenvolvemos a intuição, nos tornando mais sensíveis, receptivos e capazes de entender melhor, por exemplo, quem são de fato as pessoas ao nosso redor. O Universo se torna mais aberto, e as coisas simplesmente fluem.

**Há sempre um mantra acompanhando
tudo que acontece na minha vida!**

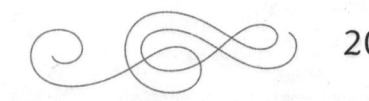

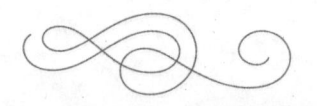

E justamente por perceber que eu tinha e tenho em mãos um aliado poderoso, que transformou não só a realidade dos meus consultantes e alunos, mas também a minha, decidi reunir neste livro uma seleção de mantras poderosos, que vão provocar grandes revoluções em sua vida. Afinal, "as palavras têm poder"!

**Nesta obra,
você vai aprender:**

- A origem dos mantras;
- O que são os bija mantras;
- Como praticar os mantras;
- O mantra básico OM;
- 30 mantras poderosos para você aplicar no seu dia a dia;
- Combinações de mantras para diferentes situações da vida.

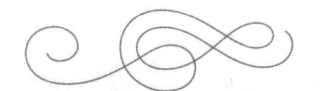

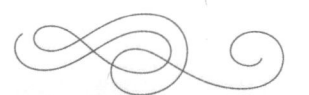

Baseado nos exemplos dos Grandes Mestres e Seres de Luz, que utilizavam os mantras como principal prática espiritual, este trabalho trará até você 30 afirmações para melhorar a saúde, a vida conjugal, ter mais disposição física, se harmonizar com a família, se conectar com o fluxo da prosperidade, ter sucesso no trabalho, ajudar seu animal de estimação, ter proteção energética e espiritual, e, sobretudo, equilíbrio emocional.

Contudo, este livro de forma alguma esgota o assunto. Os mantras estão presentes em todas as culturas, idiomas, religiões e filosofias, tornando humanamente impossível alguém saber tudo a respeito deles. A proposta aqui é ser um guia; e, de forma prática, estimular a busca diária e o aprofundamento constante do tema, que é uma importante ferramenta no caminho do autoconhecimento, para desfrutar de uma vida plena e harmoniosa.

Quem não tem controle sobre sua mente raramente consegue ter saúde, prosperidade e bons relacionamentos, já que fica à mercê do acaso, tornando-se simplesmente reativo diante das situações, sem conseguir ser um criador consciente da sua realidade. A mente centrada em medo, rancor, raiva, mágoa e tristeza é na verdade uma mente sem foco, pois esses sentimentos nos tiram do caminho do amor, que é o caminho da evolução. Apenas uma mente equilibrada e centrada na consciência, harmonia, plenitude e compaixão consegue dar os comandos corretos às células do corpo, e, assim, ter o controle real da própria vida.

E uma das ferramentas mais poderosas para sair de uma mente confusa para um estado de consciência e lucidez é a prática dos mantras. É enorme o número de pessoas que já testaram e comprovaram a eficácia quase mágica dessa técnica milenar, conforme você pode conferir a seguir.

Veja, por exemplo, o depoimento da aluna Danielle K:

"Oi, Patrícia! Vim aqui para contar que mantras funcionam, sim! Fiz direitinho, e fui promovida no meu trabalho, e a energia da minha casa melhorou muito! Eu canto junto, e às vezes até danço! O engraçado é que

costumo deixar tocando enquanto estou preparando o almoço, e depois toda a minha família comenta que a comida estava maravilhosa! Que coisa boa! Estou muito feliz! Amo o trabalho de vocês, que estão sempre ajudando outras pessoas a melhorarem suas vidas! Só tenho a agradecer. Eterna gratidão!"

O Lucas C. também confirma que *"É verdade! Funciona!!! O poder é tão forte que fiz todo o processo com fé e sintonia elevada, e consegui alcançar uma graça que nem eu mesmo achei que conseguiria! Obrigado ao Luz da Serra e à Patrícia Cândido pelos ensinamentos."*

E não apenas nós, humanos, nos beneficiamos do poder dos mantras. Os animais de estimação se dão tão bem com essa energia, que até reservei um espaço especial para eles nesta obra. Eles se acalmam e dormem profundamente. Veja o que diz a Maura S.:

"Olá! Fiz os mantras e, no sexto dia, fui para o trabalho e deixei tocando. Tenho um cachorro de 15 anos, que já é cego e bem debilitado. Nos últimos meses, ele nem saía sem a guia. Nesse dia, ele veio alegremente me encontrar e passou novamente a sair sozinho sem eu colocar a guia e levá-lo. Fiquei muito feliz! Gratidão, Pat."

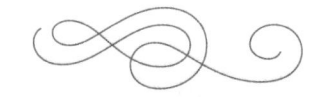

A energia estagnada dos ambientes também é profundamente alterada e movimentada com o uso dos mantras, que provocam uma limpeza no nosso campo de energia e afloram uma necessidade de se libertar de excessos que bloqueiam o fluxo da prosperidade, tal como mostra o depoimento da Elza A.:

"Patrícia, o que mudou com os mantras é que comecei a querer doar ou jogar fora muitas coisas da minha casa! Já sabia que isso traz prosperidade, mas agora quis realmente jogar coisas fora, não apenas por obrigação!"

Você está com dificuldades para conseguir um emprego? Está há tempo procurando, e nada? Então veja o que diz a Cláudia S.:

"Boa tarde! Tenho somente a agradecer a esses mantras maravilhosos. Houve mudanças. Gratidão, Patrícia Cândido. Até abertura de caminhos para emprego aconteceu. Minha filha que há dois anos estava em busca, conseguiu graças ao mantra da prosperidade. Fantástica transformação do meu lar. Gratidão sempre. Adoro você, pessoa profunda. Beijos."

É necessário ter em mente que as mudanças promovidas pelos mantras ocorrem de dentro para fora. Primeiro, as emoções se ajustam, e isso consequentemente irá refletir no corpo físico.

Quando nosso interior está em harmonia, o foco nos estudos e a tranquilidade para realizar as tarefas de casa vêm naturalmente. É o que a Carolina G. comprovou:

"Eu simplesmente me apaixonei pelos mantras. Aqui em casa, tocam todo dia. Fiz uma playlist no Spotify com suas indicações e as da Amanda Dreher. São tão lindos os efeitos! A harmonia, o equilíbrio e a saúde reinam aqui. Minha bebê também canta os mantras. Se pedir para cantar uma música da moda, ela nem conhece, mas os mantras estão na ponta da língua. Ela pede para colocá-los – e tem seus preferidos. Os mantras nos dão foco nos estudos e nos afazeres, nos alegram, tranquilizam e acalmam. Estou inclusive meditando com eles, que chegaram em nossas vidas para ficar. Amo, amo, amo. Nas aulas de meditação, passei todo esse meu amor pelos mantras para algumas pessoas, que estão fazendo as meditações, tocando em casa para suas crianças, e até fizeram japamalas. É um encanto. É transformador. Sinto tanta gratidão por ter me apresentado os mantras. Muito agradecida."

A Renata T. também mudou sua vida com a prática dos mantras:

"Oi, amadinha! Desde que ganhei o curso de mantra para a prosperidade que venho sentindo melhora em todas as áreas. Vou inclusive trocar de carro agora no fim do ano. Além disso, me apaixonei totalmente por eles e descobri um mundo de serenidade e paz imediata. Existe um que eu amo, em especial, que tem o poder incrível de mudar minha frequência em minutos, que é o Om Namo Bhagavate Vasudevaya. Obrigada por ter me ensinado mais isso, minha querida. Eu realmente senti o poder dos mantras na minha vida!"

Depois de tantos depoimentos contundentes sobre o poder desses sons sagrados que fazem as pessoas alcançarem os mais variados objetivos, fica fácil pensar que mantras são apreciados por todos, não é mesmo? Não exatamente. Há aqueles que não gostam de repetições, ou de determinada letra ou melodia. No entanto, a Gisele S., por exemplo, é uma prova de que, persistindo na prática, é possível alcançar um efeito especial na sua rotina, o que faz toda a diferença no processo:

"Antes, não gostava de mantras. Conheci através das suas aulas abertas, onde ao final sempre cantava um, e passei a gostar. Hoje em dia, eu uso mantra para me acalmar e não

discutir com meu marido. Quando estou ficando nervosa, vou para o meu cantinho, coloco meus mantras, e logo já recupero minha paz interior. Para mim, reduziu muito as brigas em casa".

E é isto que você também vai conquistar: INÚMEROS RESULTADOS INCRÍVEIS, em todas as áreas que quiser. Você só precisa saber o que deseja **melhorar, entender a ferramenta e praticar.**

VAMOS JUNTOS?

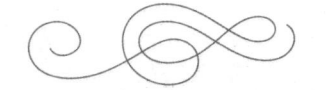

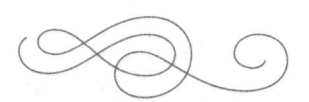

A ORIGEM DOS MANTRAS

A palavra mantra significa controle mental, aquietamento ou instrumento para silenciar o pensamento. É a junção das palavras *manas* (mente) e *tra* (controle), que vêm do Sânscrito, um idioma extinto. Seu alfabeto tem nada menos que 50 letras sagradas, que representam sons transmissores da energia daquilo que nomeamos.

Diz a lenda que o Sânscrito nasceu da sabedoria dos Rishis – termo védico que designa pessoas realizadas e iluminadas. Há milhares de anos, os Rishis viviam reunidos em silêncio absoluto, em meditação profunda. Ao mergulharem cada dia mais em si mesmos, passaram a ouvir o som dos chacras e traduziram as 50 diferentes vibrações que identificaram em 50 letras, dando origem a esse idioma. Por isso, cada letra representa um aspecto da criação ou uma divindade.

Já segundo alguns historiadores e antropólogos, os mantras originaram-se entre povos primitivos de culturas arcaicas tribais, regidas por curadores e sacerdotes chamados de xamãs. É comum encontrarmos a palavra traduzida como algo ligado ao misticismo, sendo chamada, por exemplo, de feitiço ou fórmula encantada.

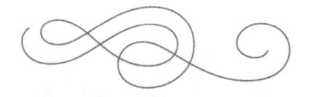

Porém, do ponto de vista documental, foram os hindus que estudaram a importância da vibração e da metafísica do som, bem como os resultados da interação dos mantras com nossa saúde e nosso corpo, provando para o mundo inteiro quais são os seus benefícios sobre nosso bem-estar geral. Vale destacar que eles estudaram as funções do nosso corpo e dos nossos chacras há mais de 10 mil anos – quando não havia microscópio nem quaisquer tecnologias – e isso se mantém totalmente atual.

Fato é que os mantras estão em todas as culturas. O Pai Nosso católico, por exemplo, é um deles, assim como o Canto Xamânico dos índios, o Canto dos Aborígenes da Austrália, o Canto Gregoriano dos monges beneditinos, as orações ritmadas entoadas pelos muçulmanos, os salmos, os rituais celtas e cabalísticos, as afirmações do Ho'oponopono ou do Aura Master[3], enfim, há relatos de mantras que remetem até ao antigo Egito. Todos esses exemplos são dotados de enorme poder de invocação, transformação e manifestação de energia mental. Em sua maioria, são proferidos em línguas mortas como Sânscrito ou Latim, Aramaico, Hebraico arcaico, entre outras. Justamente

---

[3] Aura Master é uma técnica terapêutica de ação rápida que ativa os poderes ocultos de autocura, realizando mudanças no seu estado emocional, mental e espiritual. O Método Aura Master serve para que você possa encontrar respostas e resolver traumas que carrega desde a infância em questão de minutos. Você pode limpar uma culpa de anos por meio dessa técnica de alívio imediato. Para saber mais sobre essa tecnologia terapêutica, acesse o QR Code ao lado:

por estarem extintas, essas línguas seguem inalteradas, preservando o poder de uma tradição.

No entanto, não são apenas os sons originalmente em Sânscrito, ou em outros idiomas extintos, que podem ser chamados de mantras. Todo som que proferimos é um mantra, produtor de uma onda vibratória que gera estímulos, provocando respostas fisiológicas no organismo e em tudo que está ao redor dele. Desse modo, apesar de este livro ter como base os ensinamentos hindus, nada impede que você utilize algum mantra pessoal em sua língua de preferência para atingir paz, serenidade e controle mental. Pode ser em Português, Inglês ou Sânscrito – o importante é que faça sentido e lhe proporcione benefícios. O meu mantra pessoal, por exemplo, é "eu só atraio gente boa".

De qualquer forma, acredito que o som das palavras proferidas em uma das línguas mais antigas do mundo desperta dentro de nós coisas que estão além do nosso raciocínio e controle. Os chamados Sadhus, praticantes milenares de meditação profunda, após várias gerações de prática mântrica, empiricamente determinaram o Sânscrito como idioma ideal para a vocalização dos sons, que eram repetidos à exaustão, e, por funcionarem, foram incorporados à tradição.

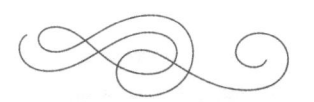

Os mantras indianos foram feitos sob medida para alcançar determinados resultados, obtendo força no inconsciente coletivo ao longo dos séculos. Ademais, ao traduzir algo de um alfabeto com 50 letras para outros com no máximo 26, vários sons acabam sendo excluídos, ou seja, um mantra cantado no original, com a emissão de todos os sons atribuídos a ele, tem muito mais poder.

Um exemplo que ilustra essa questão envolve uma renomada escola de esoterismo do Ocidente, que, por não conhecer profundamente o Sânscrito, traduziu o mantra YAM (que veremos ao abordar os bija mantras) como PAM. Pode parecer semelhante na grafia, mas o som não é o mesmo, portanto, não tem o mesmo sentido, e consequentemente não surtirá o efeito desejado.

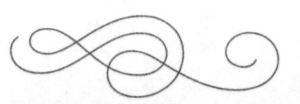

Por essa razão, é importantíssimo tomar cuidado com o que pensamos e falamos, pois nossas palavras são dotadas de força. Quando ofendemos alguém, por exemplo, estamos criando uma força energética negativa, tanto contra a pessoa, quanto contra o ambiente onde estamos. Essa força é chamada de mantra ao contrário. Os grandes mestres dizem que um insulto ou uma maledicência fazem mal a todos os envolvidos: falante, ouvinte e destinatário da energia emanada – e mais: afirmam que quem ouve é o mais prejudicado, por se tornar um propagador da chamada língua ferina.

Muitos se questionam se quem for portador de alguma deficiência na fala ou na audição conseguirá se beneficiar dos mantras, já que um mantra é tudo que pronunciamos. Na verdade, essas vibrações agem diretamente nas nossas células, e não num sentido especificamente. Alguns mestres ensinam que, se tivermos um ouvido musical e um coração capaz de entender e sentir a música, então o mantra será útil, pois ele se unificará com nosso som interior, chegando a níveis cada vez mais sutis. Portanto, qualquer ser vivo, mesmo que com alguma limitação, pode se beneficiar dessa interação, porque ela sempre irá provocar alguma reação em seu corpo, mente e ambiente.

Isso é tão verdadeiro que alguns mantras, de tão poderosos, só devem ser aprendidos e praticados sob a supervisão cuidadosa de um instrutor qualificado, para não trazerem efeitos colaterais ou prejuízos para o corpo. Suas fórmulas são segredos muito bem guardados no Oriente, mas não se assuste: os mantras deste livro são seguros e podem ser praticados diariamente.

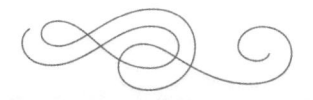

Quem é leigo e nunca ouviu falar em mantras, ou quem já ouviu falar, mas nunca praticou, deve estar se perguntando "como farei algo que grandes mestres e seres tão evoluídos faziam? Será que vou dar conta?". Sem dúvida que sim. Esta é uma prática que independe de práticas anteriores, ou de conhecimento prévio, porque este conhecimento faz parte da nossa natureza, já está dentro de nós, registrado em nossas células. Então, basta que despertemos essa vontade de praticá-los (algo que não demanda muitas horas por dia) para se beneficiar desta sabedoria, e de seu poder de deixar tudo sob controle.

Contudo, vale lembrar que a prática é uma parte de suma importância, mas não única. Praticar os mantras sem consciência de como eles se processam e funcionam torna o processo vazio de sentido, uma simples repetição, onde a pessoa apenas profere sílabas atrás de sílabas, sem receber toda a cura que o mantra é capaz de trazer, por não conseguir sentir de fato a vibração em sua plenitude.

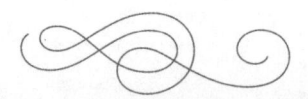

OS CHACRAS E OS BIJA MANTRAS

Em Sânscrito, chacra significa roda ou roda de luz, que está presente em todas as células do nosso corpo. Contudo, existem sete chacras principais, que agem como grandes centros de força e comando. Eles absorvem a energia do ambiente e a transferem para o corpo, distribuindo-a entre as glândulas endócrinas a fim de proporcionar a energia necessária para produzir tudo que nosso corpo precisa para funcionar plenamente. É como ter dentro de si sete grandes farmácias naturais que fornecem os elementos corretos para uma vida plena e alinhada com a frequência divina.

No entanto, para que recebamos boas energias, para que tudo funcione como deve funcionar, os sete chacras precisam estar em harmonia. Um chacra sub-ativo trabalha pouco, portanto, leva pouca energia para as glândulas e células, ocasionando doenças. Por sua vez, um chacra hiperativo transporta energia em excesso para o corpo, o que também prejudica as células e gera desordens que também provocam doenças. Quem traz o equilíbrio necessário para que os chacras trabalhem na dose certa são os bija mantras, também conhecidos como mantras seminais.

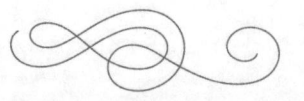

Bija quer dizer curto. É uma "semente sonora" (em tradução livre) que tem a capacidade de despertar todo o poder dos chacras, desbloqueando, reativando, e mantendo-os em equilíbrio.

As nossas rodas de luz centrais são como reflexos energéticos diretos das nossas glândulas endócrinas. No pescoço, por exemplo, temos a glândula tireoide. Projetado à frente e atrás dela, existe um cone de energia que forma um disco na base, chamado de Vishuddha ou chacra laríngeo. Ele capta a energia do ambiente e a leva para dentro da tireoide, que usa essa energia para purificar o sangue, produzir tiroxina, entre outras tantas funções. Se esse chacra captar pouca energia, a tireoide ficará hipoativa. Ao contrário, ficará hiperativa. Por isso, há pessoas que tem hipotireoidismo e outras que tem hipertireoidismo. Ambas as disfunções estão ligadas à quantidade de energia que flui pelo chacra laríngeo para abastecer essa glândula.

Esse mesmo processo de captação de energia através de um chacra ocorre em outras seis partes do nosso corpo. De forma básica e didática, você vai conhecer cada uma delas.

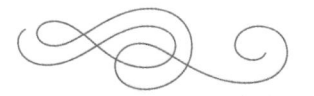

1º CHACRA: MULADHARA
CORPO FÍSICO
OU ETÉRICO

Bija mantra: LAM

Glândula: suprarrenal

Região do corpo: períneo

Em equilíbrio: estabilidade, segurança, conforto

Em desequilíbrio: medos, fadiga, cálculo renal, doenças nos ossos, pernas e pés

Em Sânscrito, Muladhara quer dizer suporte ou raiz. Conhecido como chacra básico, está associado às glândulas suprarrenais, vinculando-se à estrutura, à base, à raiz do ser, bem como ao instinto de sobrevivência.

Associado à cor vermelha, no corpo físico está localizado na região do períneo (a pele entre o ânus e o aparelho genital), de onde sai uma energia forte que nos liga à terra, formando um funil de cabeça para baixo. Ele busca a energia telúrica que carrega as suprarrenais.

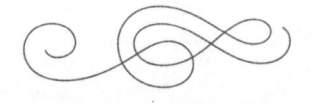

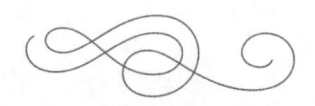

Quando equilibrado, propicia sensação de estabilidade e segurança, além de vontade de viver, ânimo para concretizar projetos no mundo material, conforto em estar no plano físico e no dia a dia em sociedade. Por outro lado, em desequilíbrio, acarreta disfunções como medo de viver, dificuldades financeiras, dificuldades em lidar com questões materiais, agressividade, fadiga, cálculos renais e doenças nos ossos, pernas e pés.

As pessoas com carências materiais básicas terão problemas nessas glândulas, pois emoções, pensamentos e comportamentos gerados a partir da preocupação pela ausência de casa, comida ou segurança mínima causam bloqueios nesse centro energético, que captará e colocará para dentro do corpo energias desqualificadas, atrapalhando, assim, a produção de adrenalina e o funcionamento de demais hormônios vinculados a essas glândulas.

O bija mantra adequado para estabilizar e harmonizar esse centro energético é o LAM. Então, ao repetir o som LAM por qualquer número múltiplo de 9 (por exemplo: 9 vezes, 18 vezes, 27 vezes, 108 vezes), você trará estabilidade e equilíbrio ao 1º chacra.

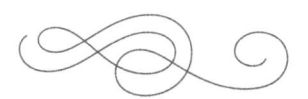

2º CHACRA: SVADISTHANA
CORPO EMOCIONAL

Bija mantra: VAM
Glândula: gônada (ovários e testículos)
Região do corpo: baixo-ventre
Em equilíbrio: energia feminina, felicidade, criatividade
Em desequilíbrio: culpa, apego, excesso de peso, baixa autoestima, conflitos nos relacionamentos

Em Sânscrito, Svadisthana significa morada do prazer. Conhecido como chacra sexual ou umbilical, está associado às gônadas ou glândulas sexuais (ovários e testículos). Vincula-se à autoestima, aos prazeres e relacionamentos, porque o nosso primeiro relacionamento foi com a nossa mãe, através do cordão umbilical. No corpo físico, está localizado na região do baixo-ventre, área dos órgãos sexuais e reprodutores.

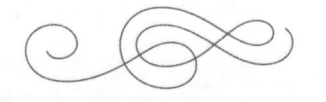

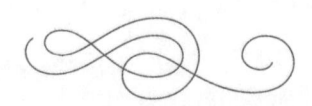

Quando equilibrado, esse chacra gera uma energia feminina de extremo poder, aliada a uma sensação de felicidade e uma criatividade aguçada. Porém, em desequilíbrio, acarreta disfunções sexuais, culpa, medo, apego, excesso de peso, além de distúrbios na autoimagem e problemas em se relacionar com a família, com parceiros amorosos e até consigo mesmo.

Está associado ao laranja, que é a cor da criatividade divina, da energia sexual criadora. Na Índia, esta é a cor mais reverenciada, a mais divina que existe, pois está ligada à energia da Criação.

Esse chacra pode ser vinculado à metáfora da plantação. O ato de plantar uma semente no solo e jogar as primeiras gotas de água sobre ela é atributo do primeiro chacra. Mas lembrar-se dela e seguir regando até que ela brote e siga seu ciclo é atributo do chacra sexual. É como criar um filho: uma coisa é fazê-lo, gerá-lo simplesmente. Outra é criá-lo com amor e afeto, criando laços profundos.

Portanto, se alguém apresenta problemas de relacionamento, baixa autoestima, pensamentos de inferioridade e, por isso, não sente prazer em viver, essa pessoa terá seus órgãos sexuais afetados, em especial suas gônadas.

O bija mantra específico para estabilizar e harmonizar esse centro energético é o VAM. Então, ao repetir o som VAM por qualquer número múltiplo de 9 (por exemplo: 9 vezes, 18 vezes, 27 vezes, 108 vezes), você trará estabilidade e equilíbrio ao 2º chacra.

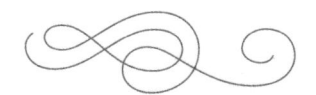

3º CHACRA: MANIPURA
CORPO MENTAL

Bija mantra: RAM
Glândula: pâncreas
Região do corpo: na região do umbigo
Em equilíbrio: força, coragem, autoconfiança
Em desequilíbrio: nervosismo, ansiedade, problemas digestivos, gastrite, diabetes

Em Sânscrito, Manipura quer dizer "cidade das joias". Conhecido como plexo solar, onde brilha o nosso sol interior, simboliza o centro do nosso poder pessoal. No corpo físico, localiza-se na região do umbigo, e por isso está vinculado ao pâncreas e às vísceras (fígado, baço, estômago e todo o sistema digestivo).

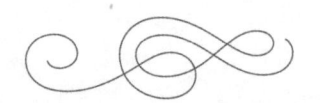

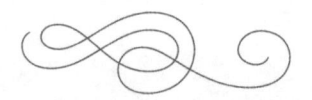

Em equilíbrio, traz sensação de força, coragem e autoconfiança, nos impulsionando para buscar um trabalho que nos dê prazer. Todavia, em desequilíbrio, se vincula às emoções mais fortes, como ódio, medo, mágoa, preocupação, angústia e ansiedade, além de ganância, comparações e competições acirradas. Tudo isso pode gerar hepatite, diabetes, câncer no baço e problemas digestivos diversos.

Por ser associado à cor amarela e ao elemento Fogo, quando está descontrolado incendeia e destrói tudo que está ao redor. Azia, queimação no estômago e refluxo são sinais clássicos de desequilíbrio do Manipura – um dos maiores problemas da Humanidade.

Considero o terceiro chacra um dos maiores problemas da humanidade, no sentido de que nele residem as emoções mais viscerais, justamente porque se localiza na região das vísceras. Emoções negativas e intensas que nos desequilibram totalmente estão localizadas na região deste chacra, como raiva, medo, insegurança, mágoa, tristeza, remorso, arrependimento, falta de aceitação, intolerância, desejos não realizados, ansiedade, angústia, pânico, falta de perdão, vitimização, infantilidade, falta de flexibilidade, carência afetiva, vergonha e culpa.

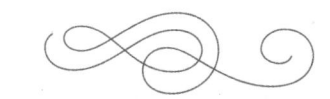

Então, imagine como se encontra a Humanidade neste momento. Não parece que estamos todos mergulhados exatamente nesse mar de emoções negativas? Agora imagine 9 bilhões de pessoas emanando essas emoções negativas ao mesmo tempo! Como fica o ambiente psíquico da Terra com toda essa quantidade de emoções negativas?

Por isso é tão importante tratar o terceiro chacra, porque a diminuição do consumo, da poluição, da agressividade, da violência e até da fome, dependem totalmente do equilíbrio deste chacra tão importante para nosso desenvolvimento pessoal e equilíbrio das emoções mais intensas e negativas.

O bija mantra específico para estabilizar e harmonizar esse centro energético é o RAM, que em mais uma sincronicidade, se assemelha à vibração do Mestre Rama. Então, ao repetir o som RAM por qualquer número múltiplo de 9 (por exemplo: 9 vezes, 18 vezes, 27 vezes, 108 vezes), você trará estabilidade e equilíbrio ao 3º chacra.

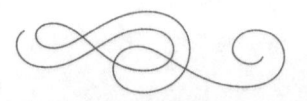

4º CHACRA: ANAHATA
CORPO ASTRAL

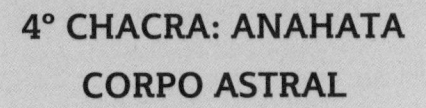

Bija mantra: YAM
Glândula: timo
Região do corpo: centro do peito/região do coração
Em equilíbrio: paz interior, aceitação
Em desequilíbrio: problemas cardíacos, timidez, tristeza

Em Sânscrito, Anahata significa câmara secreta do coração. É conhecido como chacra cardíaco, pois, no corpo físico, se localiza na região do coração. Está ligado à glândula timo, vinculando-se ao equilíbrio, ao amor universal, à compaixão e ao sistema imunológico.

Damos e recebemos energia através dos vínculos amorosos formados nesse chacra – e é dessa experiência do amor humano que enxergamos o outro como ele é, com suas qualidades e imperfeições, principalmente nossos familiares, que sempre são as pessoas mais próximas de nós.

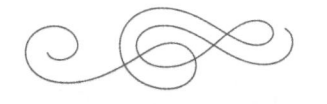

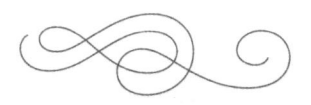

Quando em equilíbrio, traz sensação de paz interior, amor e aceitação. Em desequilíbrio, provoca ciúme, apego, materialismo excessivo, timidez e tristeza, além de arritmias e infartos, dentre outras patologias ligadas ao coração.

Está associado ao verde, que é a cor do equilíbrio, representando a ponte que liga a Terra ao Céu. É o centro de comunicação entre os três chacras inferiores e os três superiores.

Com o timo em harmonia, o corpo produz linfócitos T e uma série de substâncias ligadas às defesas imunológicas, então, quanto mais amor universal cultivarmos, mais a nossa saúde se fortalecerá. É exatamente por isso que se diz que o amor cura – porque cura mesmo. O amor é a energia motriz, a força geradora de células de defesa que combatem doenças.

Ressalto que estou me referindo ao amor verdadeiro, como o dos Grandes Mestres por nós, pelos animais, pela natureza – não a um amor baseado em vaidade, paixões obsessivas ou apegos do ego. As pessoas excessivamente apegadas à matéria ou às emoções mundanas se distanciam do seu propósito espiritual, da sua missão de alma, aumentando as chances de apresentar disfunções nesse chacra.

O bija mantra específico para estabilizar e harmonizar esse centro energético é o YAM. Então, ao repetir o som YAM por qualquer número múltiplo de 9 (por exemplo: 9 vezes, 18 vezes, 27 vezes, 108 vezes), você trará estabilidade e equilíbrio ao 4º chacra.

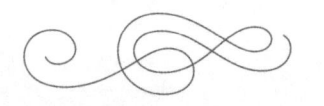

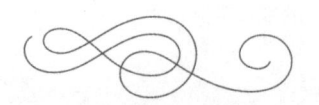

5º CHACRA: VISHUDDHA
CORPO ETÉRICO PADRÃO

Bija mantra: HAM

Glândula: tireoide/paratireoide

Região do corpo: pescoço

Em equilíbrio: facilidade em se expressar, se comunicar e manifestar a verdade

Em desequilíbrio: problemas na tireoide, falta de ideias criativas, dor de garganta, dor de dente

Em Sânscrito, Vishuddha quer dizer purificador do sangue. É conhecido como chacra laríngeo ou chacra da garganta, visto que, no corpo físico, se localiza na região do pescoço.

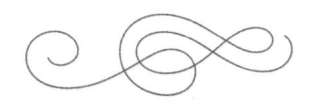

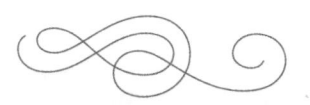

Está ligado à glândula tireoide e à paratireoide, vinculando-se à expressão de ideias e da verdade, à verbalização dos pensamentos, bem como a toda materialização em nossas vidas, afinal, tudo o que hoje é material já foi verbalizado por alguém. Dificilmente algo se materializa em nossa vida sem que, antes, não tenhamos falado sobre isso, que não tenhamos afirmado: "vou conseguir", "vou conquistar", "vou materializar".

Em equilíbrio, proporciona facilidade em se expressar e realizar projetos, mas em desequilíbrio causa escassez de ideias criativas ou dificuldade para manifestá-las. Prejudica também a capacidade de lidar com a verdade, assim, a comunicação apresenta ruídos e a pessoa não consegue se fazer entender, tal como um rádio que não permanece sintonizado em uma estação audível. Fisicamente, afeta a garganta e a boca, acarretando dor de dente, faringite, laringite, problemas na fala e na tireoide.

Esse chacra é o que profere, que profetiza. Diz respeito ao legado que deixaremos depois de partir, a toda a obra que manifestaremos no mundo! É o mais ligado aos mantras, pois o som se processa na garganta. Mas também é ligado à construção material, porque nossos braços e mãos estão alinhados a ele, e são esses membros que concretizam os projetos, afinal, para construir algo, "abraçamos uma ideia" e "colocamos a mão na massa".

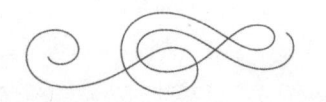

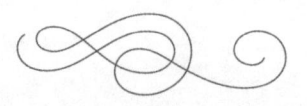

Por isso, precisamos estar constantemente atentos às nossas palavras. Se você costuma se xingar ou se lamentar por tudo, interrompa esse ciclo. Nós somos deuses em essência e em ação, e Deus não é feio, fracassado ou estúpido. Estou certa de que Deus, onde quer que Ele esteja, não está se xingando, mas falando e fazendo coisas elevadas, então, imite-O. Una sua consciência à Dele, e, quando sentir vontade de dizer mensagens autodepreciativas, recite um mantra. Dessa forma, gradativamente, você elevará sua vibração.

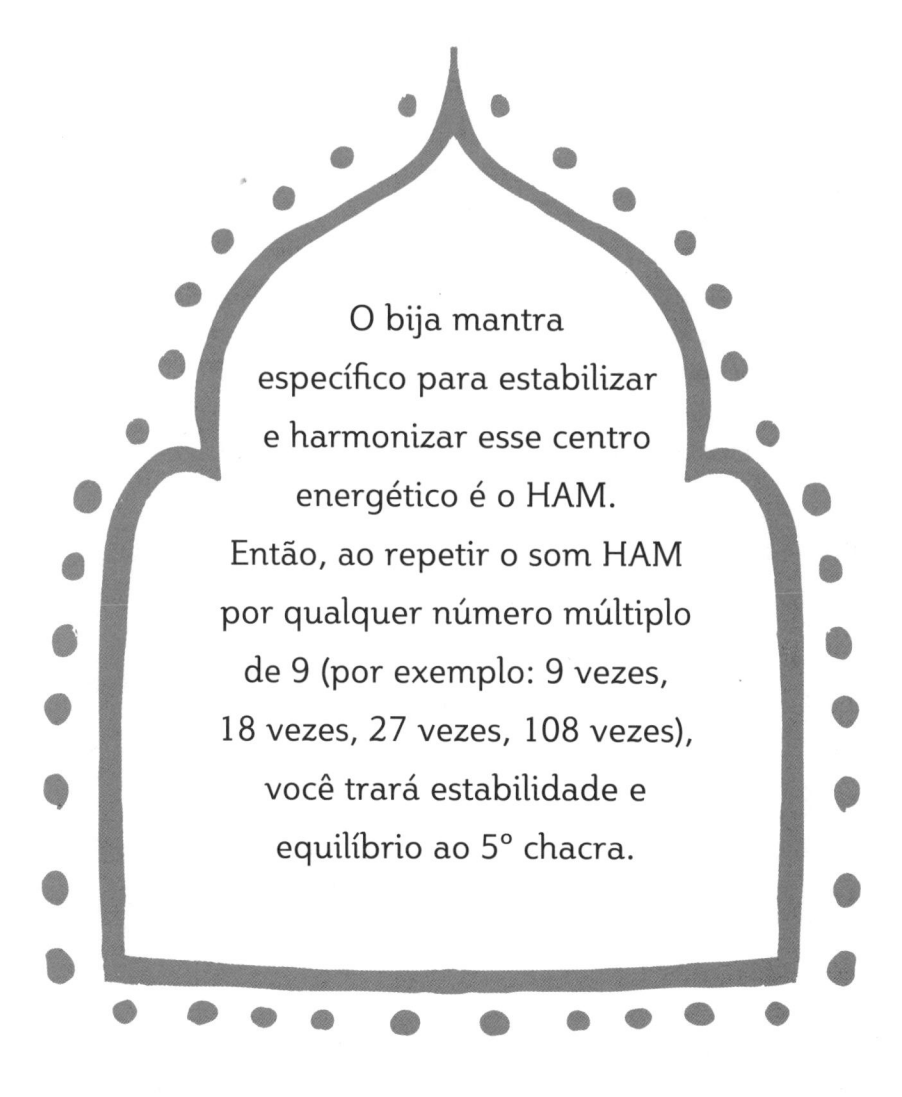

> O bija mantra específico para estabilizar e harmonizar esse centro energético é o HAM. Então, ao repetir o som HAM por qualquer número múltiplo de 9 (por exemplo: 9 vezes, 18 vezes, 27 vezes, 108 vezes), você trará estabilidade e equilíbrio ao 5º chacra.

6º CHACRA: AJNA
CORPO CELESTIAL

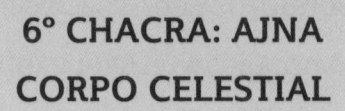

Bija mantra: OM
Glândula: hipófise
Região do corpo: testa
Em equilíbrio: intuição elevada, habilidades psíquicas
Em desequilíbrio: pesadelos, falta de foco, dor de cabeça, pânico, depressão

Em Sânscrito, Ajna significa centro de controle. É conhecido como chacra frontal, pois, no corpo físico, se localiza na região da testa, entre as sobrancelhas. Está ligado à glândula hipófise (ou pituitária), vinculado ao poder mental, ao raciocínio e aos pensamentos. Também está relacionado ao universo onírico, aos símbolos, a todas as representações metafóricas, às sensações.

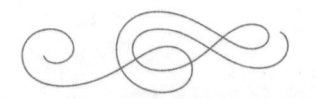

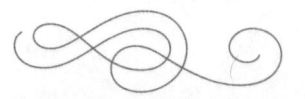

Por estar na altura do cérebro, carrega consigo tanto a expressão do senso feminino, chamado de sexto sentido, quanto a expressão do masculino, que é toda a parte mental e racional. Tudo que diz respeito ao intelecto também diz respeito ao sexto chacra, marcado pela dualidade Intuição x Racionalidade.

E é através desse chacra que acessamos informações sobre os demais chacras, sobre a aura, sobre todas as energias que nos cercam.

Em equilíbrio, traz habilidades psíquicas e intuição aguçadas. Em desequilíbrio, provoca disfunções como falta de foco, dor de cabeça, pânico, pesadelos, racionalismo excessivo, dificuldades de aprendizagem e transtornos mentais.

Esse é o lugar onde está a nossa força, o controle mental que conseguimos através da prática dos mantras. Ele rege a nossa mente, unindo-a à mente de Deus. Então, com a mente equilibrada e focada, conseguimos cumprir a nossa missão, o nosso propósito aqui na Terra.

O mantra que nos levará a essa fusão cósmica é o OM. Além de nos conectar à mente de Deus, esse som sagrado ainda invoca a energia da Criação diretamente para o corpo, dando o comando para que todo ele funcione plenamente alinhado com a perfeição, como foi criado para funcionar.

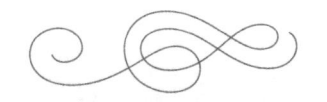

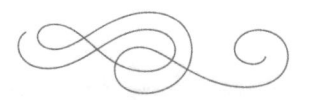

Todas as células que vêm abaixo do terceiro olho são subservientes a ele, ou seja, obedecem aos seus comandos. Portanto, a mente de quem só pensa bobagens e futilidades, de quem não respeita os princípios divinos, de quem abusa dos remédios controlados, das drogas ou do álcool, com o tempo, vai ficando doente, degenerada, impossibilitada de instruir o corpo corretamente, o que afeta todos os órgãos e sistemas. Trata-se da chamada reação em cadeia, ou efeito dominó.

O OM atua no sexto chacra com quatro pilares de poder: remoção da ignorância, revelação da verdade, purificação interna e libertação. Por isso, praticá-lo é como fazer uma manutenção periódica, preventiva, no centro de comando do corpo, para evitar ao máximo que suas partes se danifiquem em curto, médio ou longo prazo. Ao repetir o som OM por qualquer número múltiplo de 9 (por exemplo: 9 vezes, 18 vezes, 27 vezes, 108 vezes), você trará estabilidade e equilíbrio ao 6º chacra.

7º CHACRA: SAHASHARA
CORPO CAUSAL

Bija mantra: é desconhecido, então usamos o OM
Glândula: pineal
Região do corpo: topo da cabeça
Em equilíbrio: paz, iluminação, bem-estar

Em desequilíbrio: dificuldade para pensar, confusão, esquecimento, problemas neurológicos, pensamentos suicidas

Em Sânscrito, Sahashara quer dizer o lótus das mil pétalas. É conhecido como chacra coronário ou chacra da coroa, pois, no corpo físico, se localiza no topo da cabeça. Está ligado à glândula pineal e vinculado à fé, à evolução espiritual, à conexão com o Eu Superior.

Em equilíbrio, proporciona paz, sabedoria, fé, iluminação e bem-estar, mas em desequilíbrio ocasiona disfunções como incredulidade, fobias, confusão mental, perda de memória, dificuldade em concatenar pensamentos, além de problemas neurológicos e tendências suicidas.

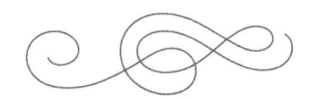

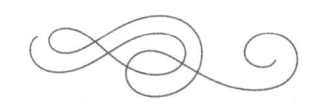

A nossa força espiritual de conexão está nesse chacra. É nosso centro energético mais espiritual, que nos conecta diretamente à fonte criadora da energia universal. Seu nome transmite a ideia de que uma flor de lótus vai se abrindo dentro de outra, que se abre em outra, e em outra, até chegar ao céu. Esse é o chacra que nos leva a Deus!

Contudo, por ser tão etérico, tão espiritual, não há um bija mantra conhecido para harmonizá-lo. Isso porque mantras já são algo material demais para que um chacra tão elevado os utilize para se harmonizar. Alguns acreditam que esse mantra existe, só não foi revelado ainda. Outros creem que seja o AUM, ou o SO HAM, mas a tradição hindu nega essas teorias. A maioria declara que esse chacra se harmoniza no mais absoluto silêncio. Por fim, há ainda quem defenda que seja o OM, uma vez que, ao tratar o sexto chacra, trazendo controle para a mente, que por sua vez controla todo o corpo, acaba comandando também o equilíbrio do Sahashara. Por isso, neste livro, também adotei o OM. Portanto, ao repetir o som OM por qualquer número múltiplo de 9 (por exemplo: 9 vezes, 18 vezes, 27 vezes, 108 vezes), você trará estabilidade e equilíbrio ao 7° chacra.

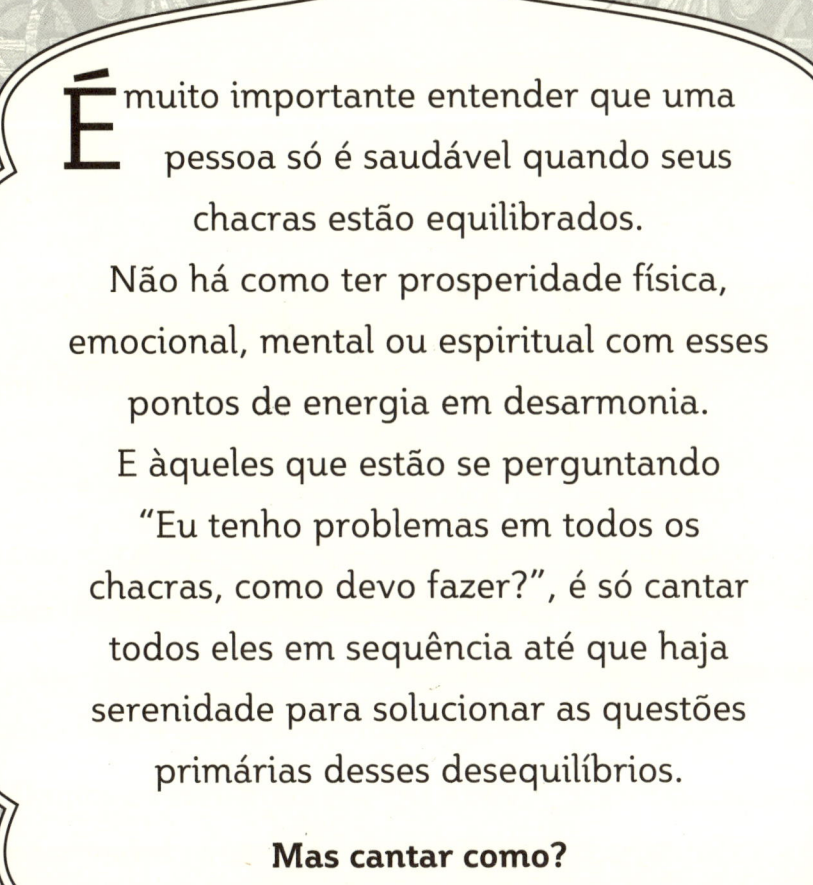

É muito importante entender que uma pessoa só é saudável quando seus chacras estão equilibrados.
Não há como ter prosperidade física, emocional, mental ou espiritual com esses pontos de energia em desarmonia.
E àqueles que estão se perguntando "Eu tenho problemas em todos os chacras, como devo fazer?", é só cantar todos eles em sequência até que haja serenidade para solucionar as questões primárias desses desequilíbrios.

Mas cantar como?
E por quanto tempo?

COMO PRATICAR

Mantras podem ser praticados de forma mental, vocal, murmurada ou escrita. Aqui, nosso foco será a prática vocal. Para que a sua experiência mântrica seja a mais proveitosa possível e você alcance progressos significativos, é preciso observar alguns pilares básicos:

Ambiente

De preferência, pratique os mantras em um local próximo da natureza, silencioso e tranquilo. Se esse espaço estiver limpo e organizado, as energias irão fluir com ainda mais facilidade. Sobretudo, tente encontrar uma forma de não ser interrompido – este é um momento só seu, por isso é melhor não ter pessoas ao redor, para que você possa se sentar, se acalmar e cantar sem ter que recomeçar do zero, já que, uma vez quebrado o ciclo, não é aconselhado simplesmente prosseguir de onde parou: é melhor voltar ao começo. Porém, vale ressaltar que é melhor praticar os mantras, mesmo que não seja nas condições ideais, do que não praticar.

Postura

Tente manter a coluna ereta e os olhos fechados. É possível realizar a prática deitado, porém, o melhor é que seja sentado ou em pé, pois isso evita que você adormeça. Além disso, a posição horizontal atrapalha o fluxo de entrada e saída de ar por conta da compressão do diafragma, o que dificulta vocalizar o mantra.

Alimentação prévia

O mais indicado é fazer uma refeição leve, para evitar fadiga, sonolência e limitação no fluxo de entrada e saída de ar, já que um estômago pesado comprime o diafragma, dificultando a respiração profunda e, consequentemente, a capacidade de cantar o mantra.

Aromaterapia

Este é um elemento opcional, mas, para quem aprecia a aromaterapia, utilizar incenso ou óleos essenciais cria uma sensação gostosa de aconchego no ambiente. Na tradição hindu, os mais recomendados são: violeta, rosa, sândalo e lavanda.

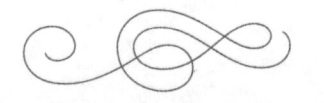

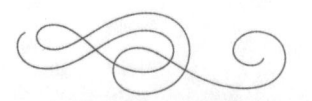

Horário

O melhor momento é sempre aquele em que você está disponível para se entregar de corpo e alma à prática. Porém, a tradição hindu recomenda como ideal o período Brahma-muhurtha, que ocorre às 4 da manhã, quando a atmosfera está repleta de prana (energia presente no ar) devido ao encontro das Trevas com a Luz (crepúsculo). Ademais, neste horário o silêncio é quase absoluto, em especial em cidades pequenas. Por sua vez, os índios xamãs consideram como horários mágicos ou horas de poder os seguintes momentos: 6h, meio-dia, 18h e 21h. Em função dessas diferenças, repito: o que importa é praticar – seja na hora que for.

Atitude

O mais importante é estar consciente do processo como um todo. O preparo do ambiente, a intenção e a repetição devem andar sempre juntos. Um lugar asseado, a entrega plena e um entoar correto influenciam diretamente no sucesso da prática.

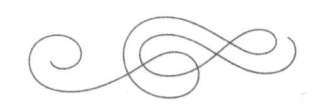

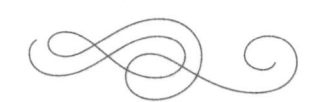

Instrumento de apoio

Para facilitar o processo, recomendo um japamala – um cordão feito de contas bastante semelhante ao rosário ou ao terço adotado pelos cristãos, que ajuda o praticante a contar o número de vezes que já cantou o mantra, além de favorecer o estado meditativo. Ele pode ser bem simples – não precisa ser trazido da Índia, por exemplo. Quem tem habilidades manuais, pode até fabricar o seu próprio japamala. O recomendado é que ele tenha contas em número múltiplo de 9. Os mais comuns têm geralmente 108 contas. Há também em formato de pulseira, que é o que eu uso. De tanto usar nas práticas, hoje só de usá-lo no pulso, minha energia já muda completamente. Isso porque, com o tempo, o japamala vai ancorando a energia dos mantras entoados pelo praticante que o utiliza, se tornando um poderoso objeto equilibrador. Então, essa frequência passa a atuar diretamente nas células, sem que seja preciso entoar os mantras.

Respiração

A grande chave de todo o processo é, primeiramente, aprender a respirar.

É necessário respirar profundamente antes, trocar todo o ar e a energia do corpo, preparando o diafragma para poder entoar o mantra com o máximo de exatidão possível.

Faça você mesmo agora um simples, mas poderoso exercício, seguindo os passos a seguir:

1. Ponha-se de pé;
2. Corrija sua postura: coluna esticada, ombro encaixados, umbigo para dentro;
3. Respire profundamente, trocando todo o ar e a energia no corpo;
4. Puxe o ar e vá soltando vagarosamente enquanto pronuncia o mantra.

Não há por que se preocupar com afinação ou se entoou mais o som de uma letra ou de outra. Apenas se entregue ao processo, pois a sua alma regerá esta orquestra, e o som sairá naturalmente de sua garganta.

Você só precisa embarcar no mantra. Recite-o, e deixe fluir. Acredite: os seus chacras vão se manifestar!

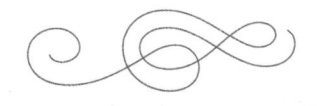

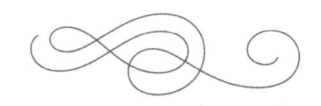

Muitas vezes, quando você não consegue dosar o ar para que o mantra seja mais longo, ou quando você desafina, se engasga ou tosse na hora de recitá-lo, é a energia dos seus chacras que está se manifestando, dizendo que não está tudo bem. Então, continue praticando, com persistência e disciplina, até que tudo se ajuste.

Tempo

Agora que você já conhece a estrutura, é hora de falarmos do fator primordial: o tempo, e suas peculiaridades.

Os mantras podem ser repetidos diariamente, obedecendo dois importantes critérios:

1. Ser em número múltiplo de 9 (9 vezes, 18 vezes, 27 vezes... 90 vezes...); e

2. Por 21 ou 40 dias seguidos, a depender do caso.

Observação: no caso do OM e dos bija mantras, é muito comum ver pessoas praticarem repetindo 7 vezes, pois se associa ao número de chacras principais do corpo. Então, nesses casos de harmonização de chacras, repetir 7 ou 9 vezes fica a seu critério, não há problema algum. Você até pode praticar, por exemplo, 9 (ou múltiplos de 9) ciclos de 7 repetições, desde que faça por 21 ou 40 dias seguidos, para cada um de seus centros energéticos, ou apenas para aquele que você identificou estar desalinhado.

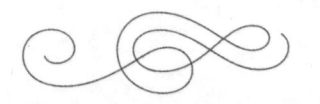

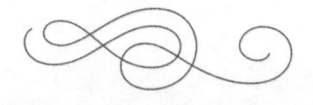

E por que 21 ou 40? E qual escolher?

Alguns especialistas recomendam 21 dias, porque dizem que cada um dos corpos sutis é trabalhado energeticamente por um período de mais ou menos 3 dias, então, 21 dias seria o tempo mínimo para que todas as camadas da aura sejam de fato tratadas. Mas outros recomendam 40 porque acreditam que, seja qual for o problema a ser sanado, ele não começou agora: é algo já de muito tempo, podendo ter sua origem até mesmo em vidas passadas. Então, requer um tempo maior, com práticas diárias e numerosas, para poder transmutar e resolver.

Minha recomendação é que você, ao decidir qual problema irá solucionar, faça por 21 dias primeiro, e então analise se esse período já foi o bastante para se atingir o objetivo. Se sim, você já pode passar para uma outra questão, com um outro mantra; mas, se não conseguiu transmutar totalmente, ou se sua intuição lhe disser para persistir, siga adiante até completar os 40 dias.

Sugiro, especialmente, que você resolva um problema de cada vez! Isso é muito importante para manter o foco e a disciplina.

Mas então, deve ser sempre 21 ou 40 dias? Nem menos, e nem mais?

Não obrigatoriamente. Você pode fazer práticas mais curtas, desde que, ao entoar, siga a regra do múltiplo de 9, e faça a prática com muita consciência e centrado no momento presente.

Quem pode dizer ou escolher o que é melhor para você é você mesmo. É o seu mestre interior, a sua intuição, que conversa com você o tempo todo. Escute-se! Vá testando, se conhecendo, até encontrar o que melhor se adapta a você e sua rotina.

No início, bastam cinco minutos! Você consegue, só neste curto espaço de tempo, fazer bem mais que apenas 9 repetições. E bastam esses cinco minutos para que você se sinta tão bem a ponto de não desejar parar tão cedo. O importante, mesmo, é fazer. Mesmo que só se tenha um minuto, é melhor fazer pouco do que não fazer nada.

Madre Teresa de Calcutá sempre dizia que muitas vezes a pessoa não faz nada por acreditar que aquilo é muito pouco, e ela sempre recomendava que fizesse mesmo assim. Dizia que ela mesma era só uma gota no oceano, mas que o oceano seria menor sem ela.

Então, que seja um minuto apenas, pense que basta na verdade um segundo para se iniciar uma profunda transformação em sua saúde global, e promover uma verdadeira revolução em sua vida.

O primordial nisso tudo já foi dito: **é se dedicar consciente e integralmente ao processo.**

Se proponha a fazer, no tempo e no espaço certos, sem colocar empecilhos como "mas e se eu viajar, e com meu filho junto?", "e se aquele dia eu não tiver tempo?".

Pergunte-se sempre três coisas básicas: "o quão importante isso é para mim?", "isso é uma prioridade?", "quanto eu desejo melhorar, e ter esse problema resolvido?". Suas respostas colocarão você no rumo certo, sem desculpas.

Tenha um propósito para praticar por 21 dias no mínimo, diariamente, e com repetições sempre em múltiplos de 9. Minha parte é mostrar o caminho, e a sua é caminhar. Mas eu garanto que o caminho não é nada árduo, ao contrário, é bem tranquilo...

E por falar em tranquilo, vamos começar abordando um fator determinante para que muitos logo desistam da prática: **por que há pessoas que ouvem determinados tipos de mantras e sentem irritação, medo, tristeza, ou outras sensações desagradáveis?**

Isso se dá porque, antes de nos proporcionarem sensações de paz e harmonia, os mantras fazem uma verdadeira limpeza em nosso campo energético. É a primeira fase da transformação. É como um expurgo de toxinas, uma espécie de troca de pele mesmo.

Acontece que nem todas as pessoas querem passar por esse processo porque suas células já estão viciadas nos velhos padrões. É semelhante ao que acontece quando se está de dieta. Se a pessoa passou quinze anos comendo muito açúcar, e corta este açúcar de um dia para o outro, os neurorreceptores dessas células disparam sinais desesperados, gerando aquela sensação de fome constante, que por tantas vezes leva a pessoa a desistir da dieta logo nos primeiros dias.

Com os mantras, o processo é o mesmo. Eles começam a limpar o padrão antigo, e as células viciadas não aceitam, resistem, e não querem que você faça, lançando-o num círculo de irritação, ou de preguiça e procrastinação. Mas persista, pois isso logo se reverterá.

Biologicamente, a cada 90 dias, a maior parte das nossas células é trocada. Então, são necessários pelo menos 90 dias de prática para se alcançar uma verdadeira transformação, num nível profundo, que se tornará mais que um hábito: será um novo estilo de vida, só que desta vez em um padrão muito elevado.

As velhas células morrem e novas já vão nascendo com a vibração dos mantras. E isso muda principalmente o ponto de atração, pois, ao vibrar numa frequência mais elevada, tudo o que se atrair daí – pessoas, caminhos e situações – estará neste mesmo nível.

OUVIR MANTRAS é parte da prática, e recomendo que se comece por aí!

Como a interação energética acontece diretamente nas células, trazendo calma e serenidade, a vibração delas vai mudando; e com o tempo, você vai assimilando essa energia, se familiarizando, passa até a gostar, e quando se der conta, nem precisará mais praticar tanto, pois haverá uma playlist tocando o tempo todo dentro de você.

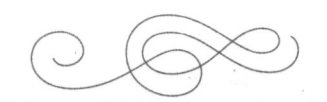

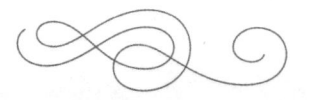

Hoje, sei buscar rapidamente um mantra para cada situação que vivo, dentro da playlist que já toca dentro de mim. Então, divido com você uma lista dos meus cantores de mantras favoritos, para que possa montar a sua playlist também e começar a se ambientar e a se familiarizar com estas melodias incríveis que vão mudar completamente a sua vida:

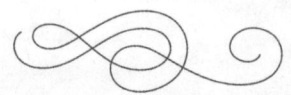

- Deva Premal
- Krishna Das
- Marco Schultz
- Henry Marshall
- Oliver Shanti
- Acústico Dama
- Daniel Namkhay
- Meeta Ravindra

"NO PRINCÍPIO, ERA O VERBO"

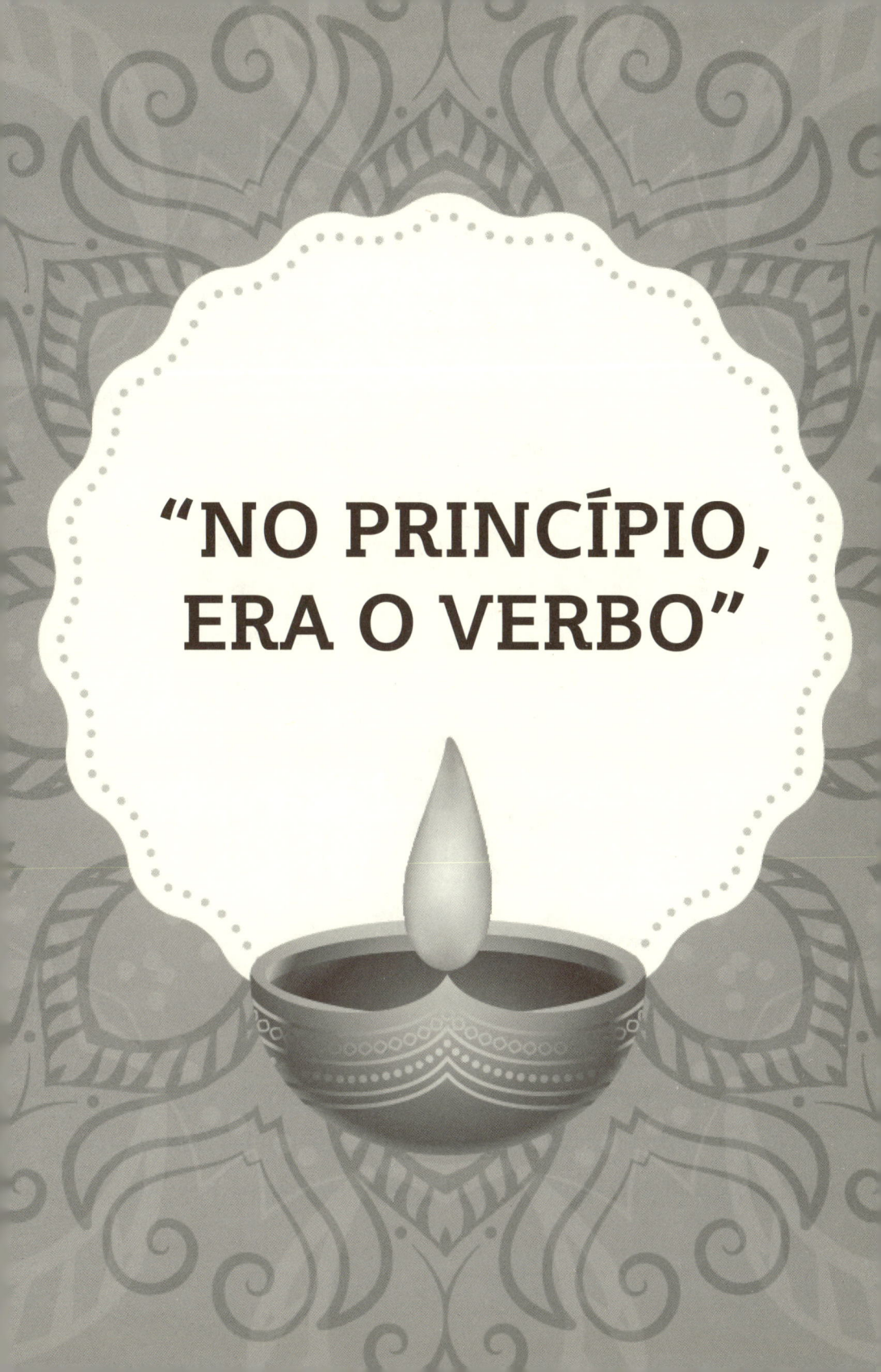

A primeira letra do alfabeto Sânscrito se chama OM, e é para os hindus um mantra básico que representa o princípio de tudo – a força procriadora do Cosmo. É em verdade o princípio da totalidade: aquele que existiu, que existe e que existirá sempre (início, meio e fim).

Seu yantra (símbolo / grafia) – que se assemelha ao número 30 – é uma sílaba constituída de três letras: A, U e M, que representam os três estados da consciência: vigília (A), onde o som nasce; sonho (U), representando os estados etéricos; e sono profundo (M), onde tudo se dissolve. As letras A e U formam o O, por isso pronuncia-se OM.

Ap / Jal (água)

Agni / Tejas (fogo)

Akasha (éter)

Vayu (ar)

Prithvi (terra)

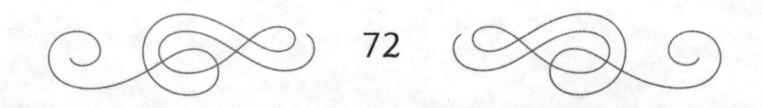

Este som remete ao momento sagrado da Criação, ao grande estrondo, o choque e explosão de partículas que criou o universo (Big Bang); e traz em si os cinco elementos: Ap / Jal (água), Agni / Tejas (fogo), Prithvi (terra), Vayu (ar) e Akasha (éter). Por isso, quando pronunciamos o som desta letra, estamos imitando o momento da Criação do Universo.

A seguir, apresento a definição do momento da criação do universo de acordo com várias escrituras sagradas:

Bíblia: em Gênesis, está escrito que "no princípio era o Verbo, e então se fez a Luz". Ou seja, primeiro, Deus falou (som) e só então a Luz se fez (manifestação).

Hinduísmo: é dito que aconteceu um grande estrondo emitido por Brahma, e só então a matéria se fez. No princípio era Deus com o poder da palavra. Deus disse: "Que eu possa ser muitos, que eu possa ser propagado". E por sua expressa vontade através de Sua fala sutil, Ele uniu-se a essa fala e fecundou-se. Prajapathi e Saraswati foram então criados. E Prajapathi é o nome do progenitor de todos os seres.

Sufismo: acredita que: "o som divino é a causa de toda manifestação. Quem conhece o mistério do som conhece o mistério de todo o universo."

Teosofia: acredita que: "o som é um tremendo poder oculto. Ele tem uma força tão estupenda que a eletricidade gerada por um milhão de Niágaras (cataratas) jamais poderia neutralizar nem a menor potencialidade, quando dirigida pelo conhecimento apropriado."

Quando adentramos no conhecimento de qualquer filosofia religiosa, seja ela cristã, oriental ou pagã, encontramos cânticos, hinos, orações, frases e mantras que ajudam a invocar a presença divina, ou seja, as religiões possuem vários pontos de discordância, mas quando falamos de sons sagrados, todas elas convergem para o mesmo caminho. Ou seja, mesmo escrituras diferentes trazem em si a mesma essência.

OM é o mais conhecido e poderoso de todos os mantras, pois é o som do infinito, a semente que dá vida a todo o resto. Se entoado corretamente, estimula os sete corpos do homem, protegendo, abençoando e tornando-o capaz de alcançar a essência do Eu Superior. Por isso, poucos conseguem ficar indiferentes a ele.

Para os tibetanos, o OM é a própria consciência, a luz, o som da iluminação que desperta internamente em nós a terra (sensação), água (sentimento), fogo (ação) e ar (pensamento).

Algumas pessoas, mesmo quando brincam de falar o OM, de forma descompromissada, estão imitando o momento e poder da Criação. E o que se fala ou pensa logo após emitir este som se materializa.

Então, se alguém pronuncia o OM e em seguida pensa ou diz alguma bobagem, isso vai se manifestar. Porque o Universo não faz juízo de valor, decidindo se deve ou não enviar ao remetente; ele apenas cumpre o manifesto.

Unir a força de uma intenção com a energia magnética do OM é a fórmula para materializar aquilo que se deseja, por isso, vale sempre ter em mente o dito popular "cuidado com o que deseja, porque você pode conseguir".

A simbologia sagrada dessa letra também pode ser usada como proteção em forma de amuletos, colares e brincos, ou mesmo quadros decorativos, pois ela invoca a força dos cinco elementos que criaram o Universo, e, portanto, a força do Deus Criador também.

O OM ancora a força do Cristo, o Espírito Santo que está em tudo: no ar, na nossa respiração, dentro de nós. Aquela força motriz que faz a borboleta bater as asas, e todo o nosso planeta girar... Esta é a ideia do Espírito Santo aqui: aquele que está em todos os espaços vazios. Por isso, é tão importante buscar o vazio ao cantar um mantra, ou meditar, porque é aí que Ele habita. E para fazermos contato e interagirmos com este Espírito Santo, precisamos estar em harmonia com Ele. E é o OM que nos ajuda a estabelecer esta harmonia.

Quando for a hora de praticar, não se preocupe: nas primeiras vezes, é normal desafinar ou mesmo não conseguir uma reverberação tão prolongada, mas, com a prática, verá que a cada vez vai ficando mais potente. Nos primeiros acordes, a voz não está propriamente aquecida, mas à medida que vai aquecendo, o som vai ficando melhor. A prática leva ao controle da respiração, que leva ao melhor entoar, e, assim, aumenta a serenidade, pois o OM ajuda a acalmar e centrar a mente.

Você vai reparar que, quando abrir os olhos, o ambiente estará com uma luminosidade diferente, devido ao seu novo olhar. O OM cria sinapses neurais que melhoram profundamente nossa percepção, nos presenteando com uma mente mais clara e iluminada.

Portanto, não use o OM em vão. Use-o somente quando tiver um pensamento elevado logo depois, e quando for capaz de sentir seu pulsar "até a última célula da unha do pé", pois o OM se alinha perfeitamente às nossas células, já que sua reverberação está dentro dos nossos chacras.

É por isso que nos sentimos tão bem depois de praticá-lo.

Então, vale a pergunta: existe mantra mais simples que o OM? Praticando apenas esse mantra, você já vai transformar a sua vida. Agora, imagine uni-lo a tudo que será apresentado adiante! Não há como ser a mesma pessoa depois desse conhecimento se tornar a sua rotina.

Sempre que você quiser ter mais criatividade ou fazer algo totalmente original, que ninguém ainda tenha feito, cante um belo e sonoro OM. Apenas fique repetindo este mantra primordial, idealizando objetivos de vida ou situações positivas para que ele reverbere e manifeste tudo aquilo que você deseja materializar.

O mestre Sivananda, líder espiritual hindu nascido em 1887, ensinou que ouvir o OM é ouvir o próprio Absoluto, que pronunciar o OM é se dirigir à morada do Absoluto, que sentir o OM é contemplar o estado do Absoluto, e que mentalizar o OM é ter, sempre, a forma do Absoluto. Ele dizia que se deve "viver o OM, meditar o OM, inspirar e expirar o OM, descansar em paz no OM, e refugiar-se no OM!".

ENTÃO, FAÇAMOS ISSO!

OS 30 MANTRAS MAIS PODEROSOS DE TODOS OS TEMPOS

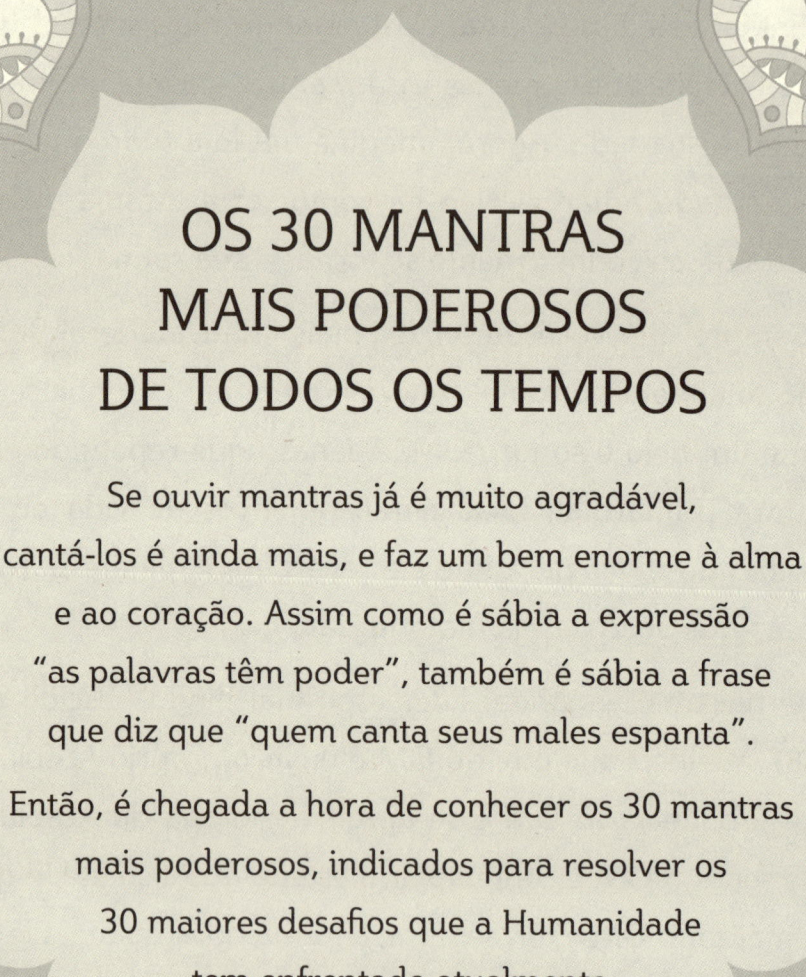

Se ouvir mantras já é muito agradável, cantá-los é ainda mais, e faz um bem enorme à alma e ao coração. Assim como é sábia a expressão "as palavras têm poder", também é sábia a frase que diz que "quem canta seus males espanta".

Então, é chegada a hora de conhecer os 30 mantras mais poderosos, indicados para resolver os 30 maiores desafios que a Humanidade tem enfrentado atualmente.

Você vai conhecer suas histórias, suas letras, seus significados e para que servem. O som é sagrado, portanto, a nossa voz é sagrada. Tanto, que ela já está em um chacra superior, provando ser essa uma qualidade superior da nossa alma. Então, não use o poder da sua voz em vão!

Se você quer ter saúde, conquistar coisas incríveis e evoluir espiritualmente, precisa investir a sua voz naquilo que dá retorno. E investir em mantras é ter um retorno certo de paz, harmonia, felicidade, amor e bem-aventurança.

Até mesmo para chamar a atenção de alguém é possível usar boas palavras, sintonizadas com a natureza, compaixão, alegria, felicidade, criatividade, amor, harmonia. Com educação, tom de voz certo, sem oscilação emocional, pode-se comunicar qualquer coisa a qualquer pessoa, basta que se tenha calma para esperar o momento ideal e escolher sempre as melhores palavras.

No QR Code ao lado, você encontrará a minha versão preferida de cada um dos mantras, principalmente para escutar a pronúncia certa e fazer com que sua prática tenha o mesmo poder:

DESAFIO 1: HARMONIZAR A FAMÍLIA

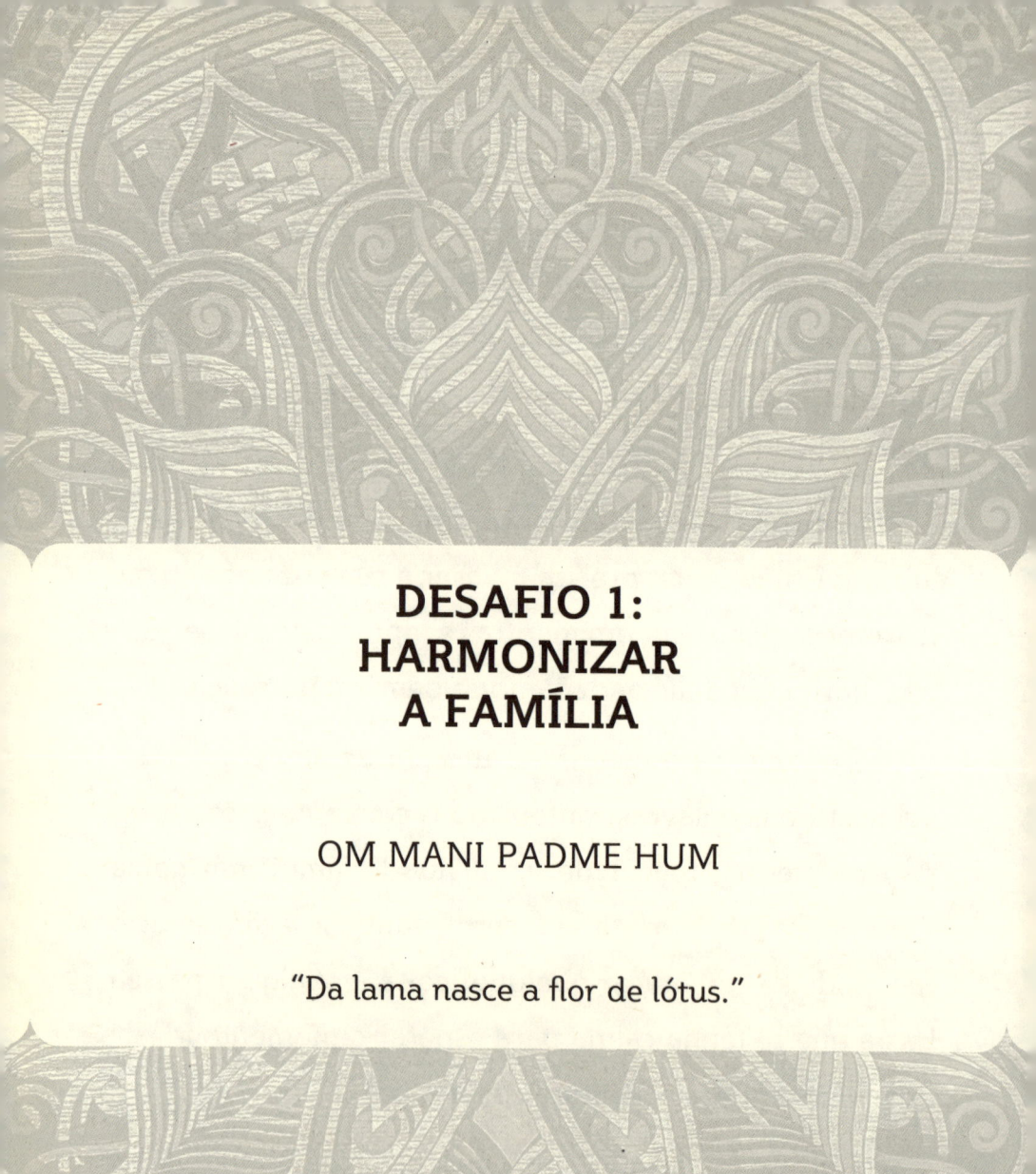

OM MANI PADME HUM

"Da lama nasce a flor de lótus."

Quem não tem problemas de família levanta a mão!

Se você não tem problemas familiares, ou você é sozinho no mundo, ou é um extraterrestre, pois quase todo mundo aqui na Terra tem algum conflito com algum familiar que precisa ser resolvido. Porque família é um lugar onde nós encarnamos e vivemos para solucionar resgates kármicos.

Dentro de uma família, você pode ter muita afinidade com algumas pessoas, e nenhuma afinidade com outras. Isso acontece porque viemos resgatar karmas de pessoas que são muito próximas de nós, por isso, a família é o lugar onde surgem inúmeros problemas.

Madre Teresa sempre dizia que é muito mais fácil amar quem está longe, mas nem sempre é fácil amar aqueles que estão bem ao nosso lado. E os nossos parentes, os nossos familiares, estão muito perto de nós, convivemos com eles diariamente, por isso os conflitos surgem.

Então, para promover a harmonização do lar e da família, utilize o mantra "Om Mani Padme Hum". Ele é bem conhecido! Se você já gostava de mantras, é bem provável que você já tenha ouvido falar dele. Sua tradução é "da lama, nasce a flor de lótus". E o que isso quer dizer? Ele ensina que do lugar mais fétido, mais difícil, pode nascer a linda flor de lótus, que simboliza a iluminação, a evolução espiritual, o crescimento.

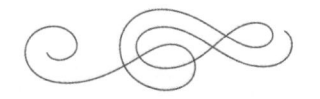

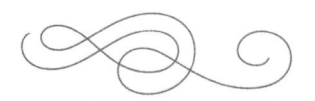

Em resumo, significa dizer que mesmo de lugares extremamente difíceis podem surgir soluções incríveis. Ele gera compaixão e tolerância para todos os seres do mundo.

Helena Blavatsky, cofundadora da Sociedade Teosófica, ensina nos textos da doutrina que esse mantra é associado aos Budas da compaixão, fazendo uma alusão à indissolúvel união do Homem e do Universo.

O som do "Om" liberta do apego, o som do "Mani" transforma, o som do "Padme", representando a flor de lótus, faz nascer da escuridão, onde é preciso ultrapassar o lodo por completo para desabrochar, e o som do "Hum" exorciza as sombras e limpa.

Libertar, transformar, ultrapassar a sujeira e limpar! Se a sua família está passando por algum conflito de relacionamento, por algo que precisa ser resolvido, harmonizado, o "Om Mani Padme Hum" mostra que isso é possível. Que dos lugares mais difíceis podem surgir amor e luz para ultrapassar as barreiras do problema. Quem pratica o "Om Mani Padme Hum" passa a ter a mente límpida e elevada como a de um Buda.

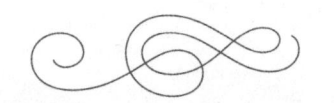

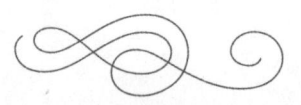

A pronúncia precisa ser correta, mas a música, a melodia, quem dá o tom é você. Cante como vier à sua mente, pois os mantras são altamente intuitivos, e muitas vezes trazem melodias que combinam mais com você, com seu estado energético, enfim, com a sua alma.

Diário da prática

Escolhi praticar esse mantra porque

_____

_____

O preparo da minha prática envolveu

_____

_____

Fiz _____ repetições diárias; e depois de _____ dias, me senti

_____

_____

Ao fim, alcancei meu objetivo de

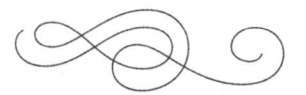

_____

_____

DESAFIO 2: ENCONTRAR SUA MISSÃO DE ALMA

(GAYATRI MANTRA)

OM BHOOR BHUVAH SVOHA
TAT SAVITUR VARENYAM
BHARGO DEVASYA DEMAHI
DHIYO YO NAH PRACHODAYAT

"Ó, grande Luz do Universo.
Ó, grande removedouro da dor e da tristeza.
Descei vossa luz ao nosso intelecto para
que possamos saber a direção correta."

Esse é um mantra para abençoar a sua carreira profissional, o seu trabalho, e para que você encontre a sua missão de alma.

Se você estiver em um trabalho que não gosta, ou acha que não está no lugar certo, que precisa trocar de profissão, então, com ele, você vai encontrar a direção correta de ambos.

Também conhecido como essência dos Vedas, é o mantra essencial e mais importante para os indianos, porque contém a essência de todos os ensinamentos presentes na cultura hindu, sendo considerado, portanto, o mais poderoso que se pode praticar. Atua desde os aspectos mais sutis até a matéria em si.

Esse mantra invoca a grande luz do universo para que ela dê à nossa alma o discernimento e a sabedoria para onde ela precisa ir. Por isso, ele é tão importante para quem está em crise profissional, para quem quer abençoar o seu trabalho, a sua profissão, ou encontrar a missão de sua alma.

É cantado o tempo todo como amuleto de proteção e força para realizar metas, para trazer iluminação, discernimento e bem-aventurança, além de ajudar a acumular méritos (karmas positivos).

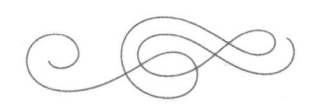

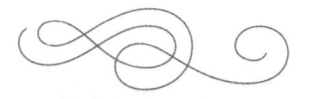

Esse foi o primeiro mantra criado em homenagem à deusa Gayatri, a consorte do deus Brahma. É um convite à contemplação da força que move tudo: o macrocosmo, o microcosmo e o homem. É sempre o escolhido para celebrar a existência e se harmonizar com o poder transformador que está presente na natureza. É um mantra tão grandioso e profundo que na Índia há livros com mais de mil páginas só para explicar o que ele significa.

O Gayatri não é um mantra só recomendado para trabalho ou missão de alma. Ele é indicado para absolutamente tudo. Pode e deve ser usado sem contraindicações, afinal, quem não quer ter discernimento e sabedoria para encontrar a direção correta em qualquer situação na vida?

Quando você estiver em uma espécie de bifurcação na vida, naqueles momentos indecisos em que não sabe para qual lado ir, pode usar o Gayatri mantra, porque ele vai lhe ajudar a entender a direção certa e qual o próximo passo a ser dado.

Por ter uma letra mais longa, talvez seja um pouco mais difícil de decorar, mas com o tempo e a prática, claro que você irá aprender. Você pode usar uma cola no começo, sem problema algum.

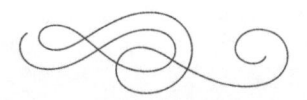

Todo mantra pode ser simplesmente pronunciado. Um dos grandes mestres da Humanidade, Sathya Sai Baba, um grande guru da Índia, os pronunciava de forma cantada, algo que você também pode fazer caso não simpatize com a versão que indiquei aqui. Quem sabe tocar violão, pode aprender as notas e tocar enquanto canta. Não existe uma receita. Você é quem vai escolher a forma de fazer, só lembre que quanto mais próxima a pronúncia estiver do idioma original, mais vai funcionar para o seu desafio.

Diário da prática

Escolhi praticar esse mantra porque

_____
_____

O preparo da minha prática envolveu

_____
_____

Fiz _____ repetições diárias; e depois de _____ dias, me senti

_____
_____

Ao fim, alcancei meu objetivo de

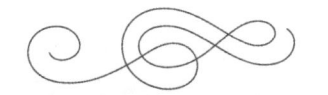

_____
_____

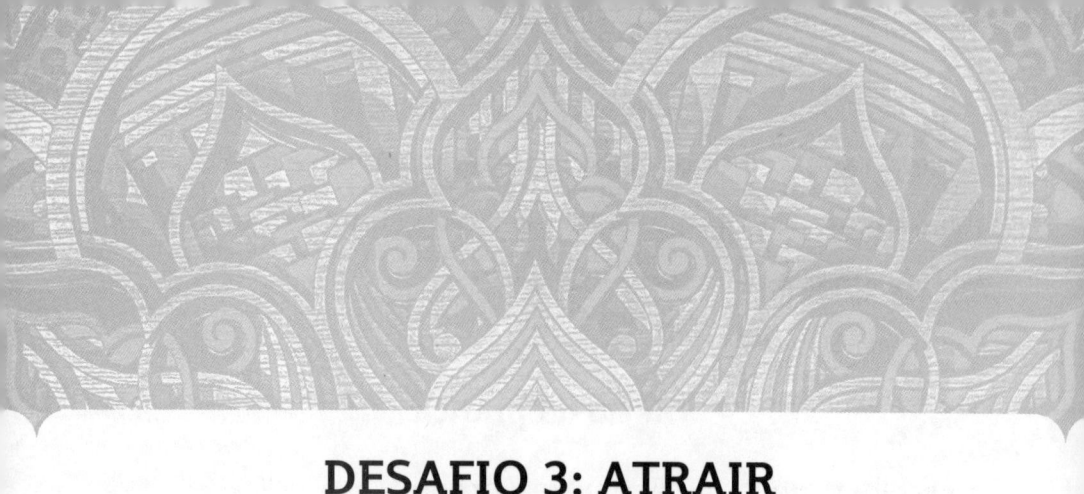

DESAFIO 3: ATRAIR PROSPERIDADE

OM GAM GANAPATAYEI NAMAHA
OM GAM GANAPATAYEI NAMAHA
GAURI NANDANA GAJAVADANA
OM GAM GANAPATAYEI NAMAHA
GAURI NANDANA GAJAVADANA
OM GAM GANAPATAYEI NAMAHA

"Om e saudações àquele que remove obstáculos do qual Gam é o som seminal."

Quem não quer ter prosperidade?

No site e nas redes sociais do Luz da Serra, falta de prosperidade é o problema campeão de audiência. É o principal obstáculo que as pessoas estão enfrentando atualmente.

Grande parte da população não tem prosperidade. E não estou falando só de dinheiro, mas de tudo que a prosperidade engloba: qualidade de vida, saúde, bons relacionamentos, abundância – onde entram o dinheiro e a fartura – e tudo o mais que uma pessoa precisa para viver feliz e em harmonia.

Então, para ter prosperidade em sua vida, você pode cantar o mantra de Ganesha, que é cultuado como deus da sabedoria e da superação dos obstáculos que afastam a prosperidade. Ganesha também é associado à prudência, à diplomacia e ao poder de abrir caminhos para que tudo aquilo que precisamos e desejamos chegue até nós. Esse mantra também traz muita alegria para quem o canta.

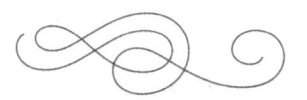

"Gam" é o som original de Ganesha, que invoca sua origem – o Deus com rosto de elefante. Embora não seja uma divindade à qual os textos sagrados façam inúmeras referências, é muito popular e idolatrado na Índia, e conquistou devotos no mundo inteiro. Não há praticamente nenhuma casa, templo ou mosteiro indiano em que sua imagem não ocupe lugar de destaque como objeto não apenas de decoração, mas de adoração mesmo. Isso porque ele abençoa o ambiente em que está e limpa as energias que impedem a abundância de chegar e permanecer.

Além disso, Ganesha é o protetor dos filósofos, dos professores, e dos escritores também.

Eu tenho um grande carinho por essa deidade hindu. Já alcancei muitas coisas na minha vida por ser devota dele, por me identificar muito com sua lenda e história.

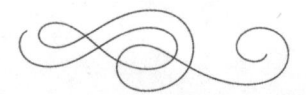

Diário da prática

Escolhi praticar esse mantra porque

_____

_____

O preparo da minha prática envolveu

_____

_____

Fiz _____ repetições diárias; e depois de _____ dias, me senti

_____

_____

Ao fim, alcancei meu objetivo de

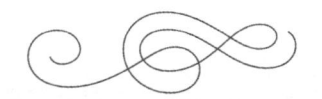

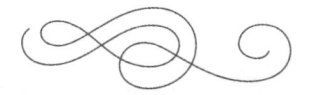

_____

_____

DESAFIO 4: RECEBER PROTEÇÃO ENERGÉTICA

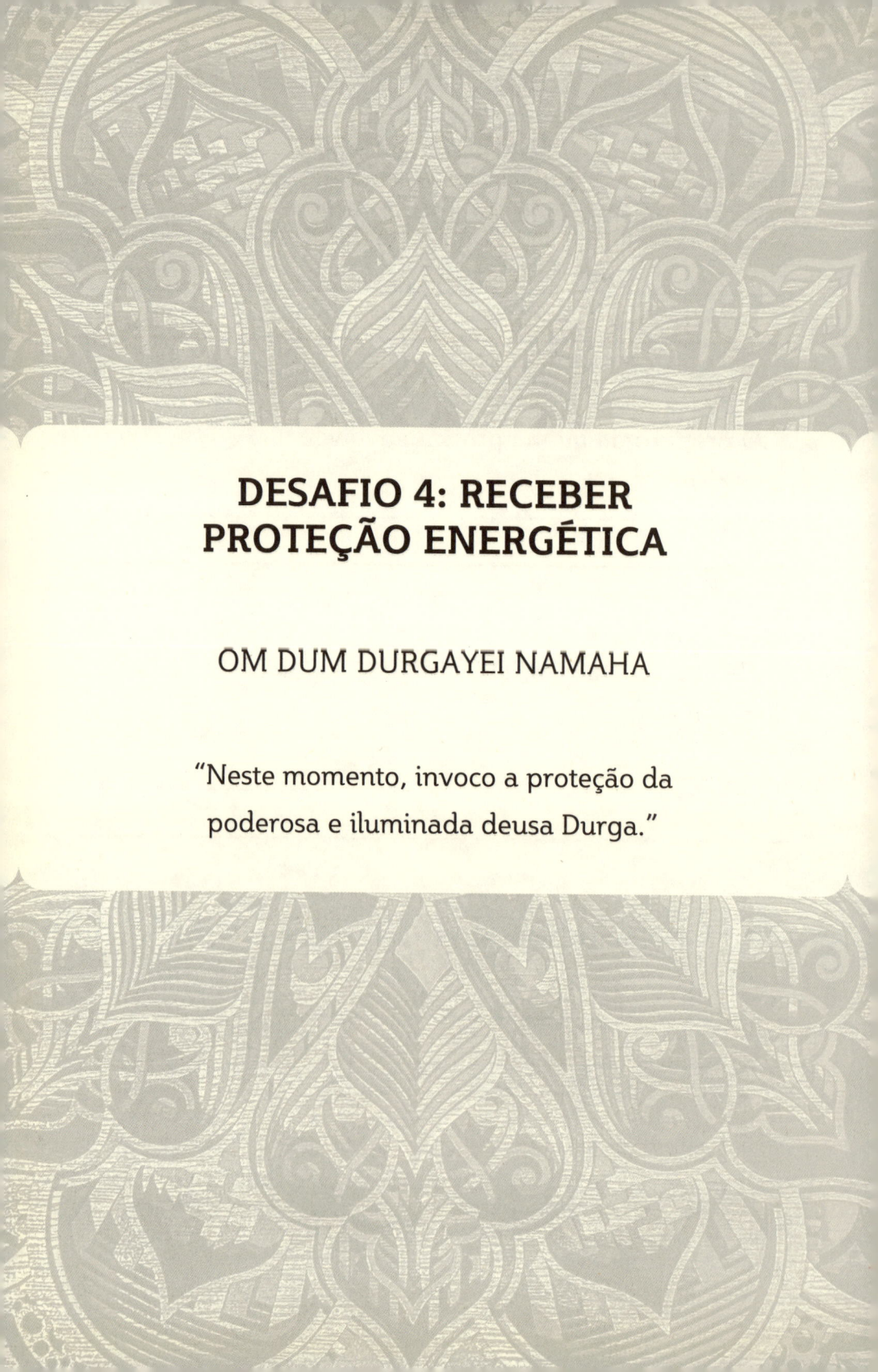

OM DUM DURGAYEI NAMAHA

"Neste momento, invoco a proteção da poderosa e iluminada deusa Durga."

Algumas pessoas focam sua atenção em se proteger, mas não mudam sua energia interna. Vivem naquela síndrome persecutória, julgando que alguém está jogando energia ruim contra elas. Assim, normalmente invocam a presença do Arcanjo Miguel e de Saint-Germain, suplicando "me protejam!" – mas não pensam em mudar sua essência, ações e padrão moral.

Proteção é um processo que acontece de dentro para fora: você melhora a sua energia interna e ela se reflete no que você passa a atrair, não precisando mais se preocupar com energias maléficas. É como se você desenvolvesse um escudo de proteção.

O mantra de proteção trazido aqui é o da deusa Durga. A pronúncia, dentro dos próprios mantras, pode variar entre Durga ou Durgá, pois na Índia ela pode, dependendo da região, ser chamada de um dos dois jeitos. Ambos estão corretos, escolha o que mais lhe agradar.

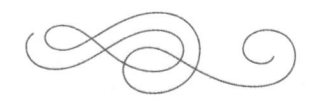

Quando a deusa Durga aparece, vem montada num tigre. Tem vários braços, podendo fazer várias coisas ao mesmo tempo, dando conta de proteger muitos simultaneamente, além de proteger todo o planeta. É uma deusa muito poderosa e protetora, que assume uma postura de guerreira capaz de eliminar os demônios que prejudicam deuses e homens. Basta você invocar a Sua presença e ela irá lhe socorrer naquele momento, com sua força iluminada, imbatível e feroz.

Eu já usei esse mantra em uma ocasião específica, e é impressionante como ele funciona. Em momentos de perigo, como quando você suspeita de que vai ser assaltado, ou num momento em que você está tenso, durante uma turbulência no avião, cante-o. Porque, sabe aquela mãe que perde a razão para defender o filhote? Então, é assim que essa deusa é personificada na Índia. Ela não tem limites para proteger aqueles que a invocam ao cantar o seu mantra.

Sua tradução aproximada é "neste momento, invoco a proteção da poderosa e iluminada deusa Durga". Aproximada, porque, assim como os ideogramas japoneses, as letras do alfabeto sânscrito geralmente não se traduzem por uma palavra em si, mas pelo sentido que elas têm, daí o nome ideograma.

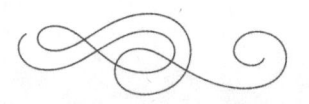

Diário da prática

Escolhi praticar esse mantra porque

_____

_____

O preparo da minha prática envolveu

_____

_____

Fiz _____ repetições diárias; e depois de _____ dias, me senti

_____

_____

Ao fim, alcancei meu objetivo de

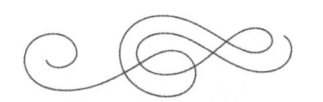

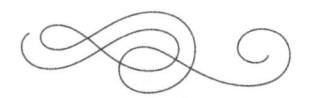

_____

_____

DESAFIO 5: ALCANÇAR EQUILÍBRIO EMOCIONAL

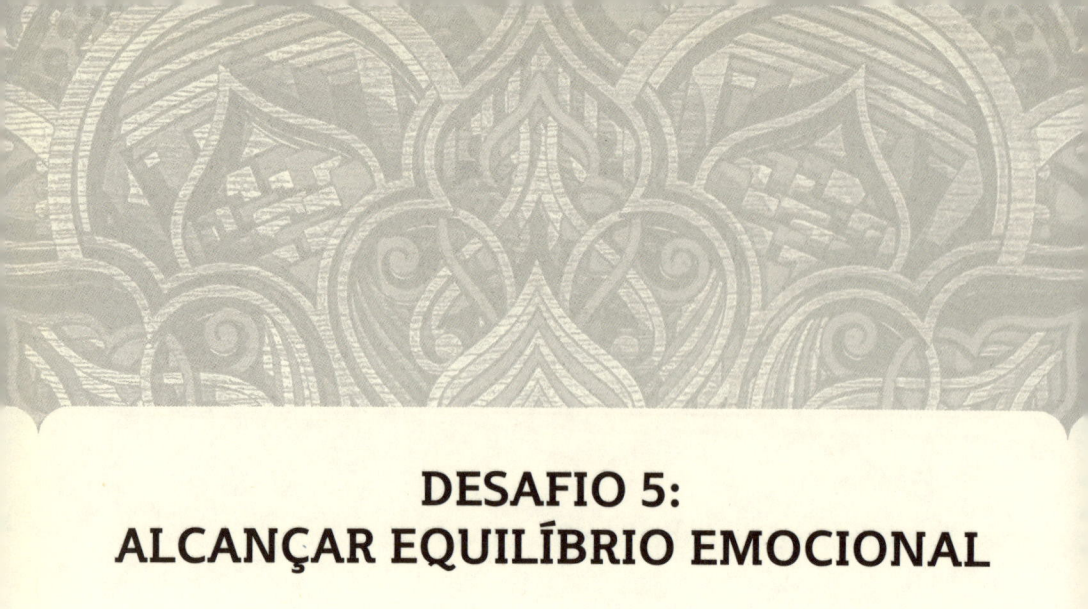

SHANTE PRASHANTE SARVA BHAYA
UPASHA MANI SWAHA

"Invocando a paz suprema, eu ofereço (devolvo) a qualidade do medo à sua fonte na mente universal superior e informe. Saudações."

Quando você achar que está desequilibrado emocionalmente, com raiva de alguém, triste, ou se perdeu o controle e meteu os pés pelas mãos, cante-o! Uma calma enorme tomará conta de você.

Este mantra é indicado para combater a irritabilidade, o pavio curto e qualquer descontrole emocional, assim como a implicância. Sabe aquela pessoa que implica com todos por qualquer coisa, que parece que sempre tem de ser inimigo de alguém? Aquela que nunca pode estar bem com todo mundo, pois sempre há alguém a incomodando? Se você é assim, o "Shante Prashante" lhe ajudará a não implicar com os outros, para se centrar mais em si mesmo.

Ao cantá-lo, você tem que entregar algo ao universo, então, deve pensar na situação que quer ver resolvida. A situação que está causando raiva, que está lhe deixando triste com alguém, ou mesmo o medo de um desafio novo. Basta pensar que está entregando essa situação para o universo e seguir entoando o mantra, que isso vai modificar seu estado interior.

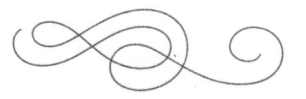

Diário da prática

Escolhi praticar esse mantra porque

_____

_____

O preparo da minha prática envolveu

_____

_____

Fiz _____ repetições diárias; e depois de _____ dias, me senti

_____

_____

Ao fim, alcancei meu objetivo de

_____

_____

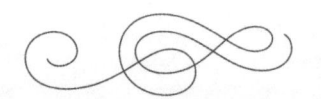

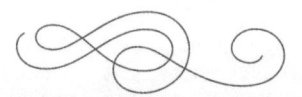

A mente centrada em medo, rancor, raiva, mágoa e tristeza é na verdade uma mente sem foco, pois esses sentimentos nos tiram do caminho do amor, que é o caminho da evolução.

Patrícia Cândido
@pat.candido

DESAFIO 6:
AFASTAR O MAL

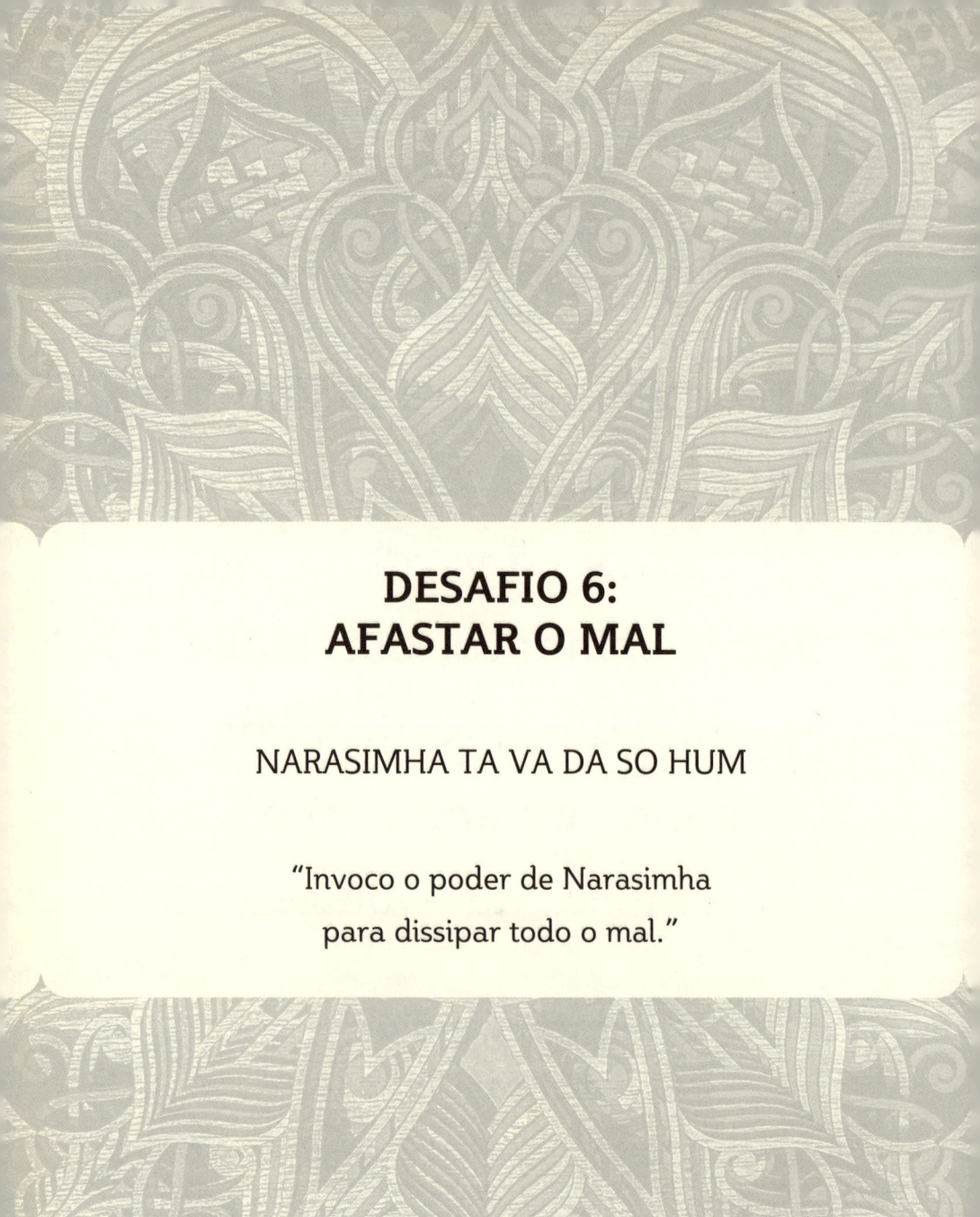

NARASIMHA TA VA DA SO HUM

"Invoco o poder de Narasimha
para dissipar todo o mal."

Há pessoas que são realmente mais sensíveis. E há outras que vieram a este mundo para uma grande missão. Ambas se tornam mais visíveis para as forças maléficas, então, precisam de proteção extra, pois os seres das sombras acabam se aproximando demais, com o intuito de atrapalhar os caminhos que levam à luz.

Esse mantra serve justamente para afastar qualquer energia maléfica que você sentir ao seu redor, seja de um obsessor desencarnado ou vivo, não importa. Diante de qualquer força do mal que lhe fizer sentir uma tensão, cante-o que rapidamente essas forças serão espantadas.

Esse é um mantra dedicado a Narasimha, que foi um dos oito avatares do deus Vishnu. Ele é o atributo masculino da preservação, aquele que mantém tudo funcionando, os planetas girando, enfim, tudo acontecendo em nosso universo.

Quando a situação está muito difícil aqui na Terra, esse deus hindu manda um avatar seu para cá. Certa vez, ele mandou Narasimha, um ser metade homem (Nara), metade leão (Simha), para aniquilar um demônio que estava assolando o nosso planeta, destruindo a vida por aqui por fúria invejosa, porque seu próprio filho era devoto de Vishnu, a quem o demônio odiava.

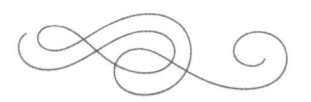

Dizem as escrituras que esse demônio pediu a Vishnu para ser imortal, e o deus respondeu que nenhum ser que foi criado poderia estar nessa condição. O ser maléfico, então, impôs algumas condições para morrer que, na prática, o tornariam eterno.

Ele pediu para não ser morto por nenhuma arma, nem por nenhuma doença, nem por nenhuma criatura criada, fosse homem ou animal; também não poderia morrer nem de dia nem de noite. Vishnu atendeu aos pedidos do demônio, e este reinou por tempos, destruindo várias espécies, incluindo a dele.

Isso fez Vishnu emanar um avatar de si mesmo para consertar as coisas.

Como o demônio não poderia ser morto nem por um homem e nem por um animal, Narasimha seria um misto dos dois, então, um terceiro tipo de criatura: metade homem, metade leão. Como o demônio não poderia ser morto nem por arma e nem por doença, Narasimha o matou com sua garra de leão. E como o demônio não poderia ser morto nem de noite e nem de dia, Narasimha o matou no crepúsculo, o período de transição entre um e outro.

Então, ele conseguiu destruir aquilo que, teoricamente, era indestrutível. Por isso se canta esse mantra quando é preciso afastar qualquer força maléfica que esteja interferindo em nossas vidas.

Mas atenção: ao contrário dos demais mantras, esse tem uma contraindicação: ele não pode ser recitado enquanto você estiver experimentando sentimentos inferiores latentes, como, por exemplo, crises de raiva, pânico, stress, ou outra interferência energética nociva. Isso porque, assim, você invocará a ferocidade do leão, que vai potencializar o que está sentindo ao invés de eliminar a causa, e isso pode lhe fazer mal. O objetivo deste mantra é afastar o mal, porém ele não é capaz de causar o mal a alguém.

Diário da prática

Escolhi praticar esse mantra porque

_____

_____

O preparo da minha prática envolveu

_____

_____

Fiz _____ repetições diárias; e depois de _____ dias, me senti

_____

_____

Ao fim, alcancei meu objetivo de

_____

_____

A energia estagnada dos ambientes também é profundamente alterada e movimentada com o uso dos mantras, que provocam uma limpeza no nosso campo de energia.

Patrícia Cândido
@pat.candido

DESAFIO 7:
ATRAIR O AMOR

SAT PATIM DEHI PARAMESHWARA
Mulher para o homem

OM SHRIM SHRIYEI NAMAHA
Homem para a mulher

JAI RADHA MADHAVA JAI KUNJA VIHARI JAI GOPI JANA VALLABHA JAI GIRE BALIHARI
Para todos os gêneros

"Celebra o amor perfeito de Radha e Krishna."
Esta não é uma tradução exata, mas a função, ou a mensagem que ele passa.

É necessário explicar que dentro da liturgia dos mantras só existe um mantra para uma mulher atrair um homem, e um mantra para um homem atrair uma mulher. São mantras diferentes por conta das polaridades energéticas (Yin/Yang).

Eles foram escritos há milhares de anos, em uma época em que as questões de gênero e de orientação sexual simplesmente não faziam parte da cultura. Então, optei por apresentar um mantra geral, que qualquer pessoa pode cantar para atrair qualquer pessoa que desejar. Porque mesmo que naquela época a única possiblidade existente fosse a de um homem se casar com uma mulher, as coisas evoluem, mudam de configuração, e cabe a nós nos adaptarmos às realidades em que vivemos hoje.

O mantra "Jai Radha Madhava" não tem uma tradução exata conhecida, mas ele traz a ideia da celebração do amor perfeito entre a princesa Radha e o príncipe Krishna; e prepara você para receber um amor como o deles, independentemente de qualquer coisa.

Por ser um mantra que celebra o amor, não precisa ser cantado necessariamente apenas quando se quer atrair o amor de alguém, mas pode e deve ser cantado para melhorar o seu relacionamento, para que ele se perpetue.

É um mantra para que o amor sentido um pelo outro se mantenha forte.

Ele celebra um amor celestial, acima dos padrões e sentimentos terrenos, proporcionando para quem o entoa um sentimento de amor-próprio muito intenso, podendo ser usado por quem tem problemas de autoestima.

Diário da prática

Escolhi praticar esse mantra porque

_____
_____

O preparo da minha prática envolveu

_____
_____

Fiz _____ repetições diárias; e depois de _____ dias, me senti

_____
_____

Ao fim, alcancei meu objetivo de

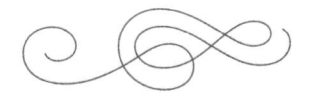

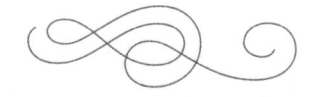

_____
_____

DESAFIO 8:
HARMONIZAR E CURAR RELACIONAMENTOS

HRIM SHRIM KLIM PARAMESHWARI SWAHA

*"Saudações ao feminino supremo.
Que este princípio de abundância que oculta
a natureza da realidade suprema
seja atraído para mim."*

Esse mantra não se limita a curar apenas relacionamentos amorosos, mas sim as relações de modo geral. Afinal, quem de nós, seres humanos, tem todos os relacionamentos bem resolvidos?

Provavelmente, você já teve – ou ainda tem – um desafeto lá da época da escola, ou um ex-chefe, um ex-colega de trabalho, um ex-parceiro amoroso, enfim, qualquer pessoa com quem você tenha tido desarmonias que não ficaram totalmente para trás, pois deixaram mágoas, tristezas, sensações de ultraje ou traição. Saiba que essa relação pode ser curada, seja ela desta ou de vidas passadas. E esse mantra é exatamente para isso!

Você nem precisa ter contato com a pessoa, pois ela pode até nem estar mais na Terra. Basta que você queira resolver essa situação e faça a sua parte, que é perdoá-la ou pedir perdão a ela, dentro da sua alma.

Vale ressaltar que o mantra anterior, o "Jai Radha Madhava", também harmoniza relacionamentos, porém, o "Hrim Shrim Klim Parameshwari Swaha" é específico para relacionamentos mal resolvidos.

Diário da prática

Escolhi praticar esse mantra porque

_____

_____

O preparo da minha prática envolveu

_____

_____

Fiz _____ repetições diárias; e depois de _____ dias, me senti

_____

_____

Ao fim, alcancei meu objetivo de

_____

_____

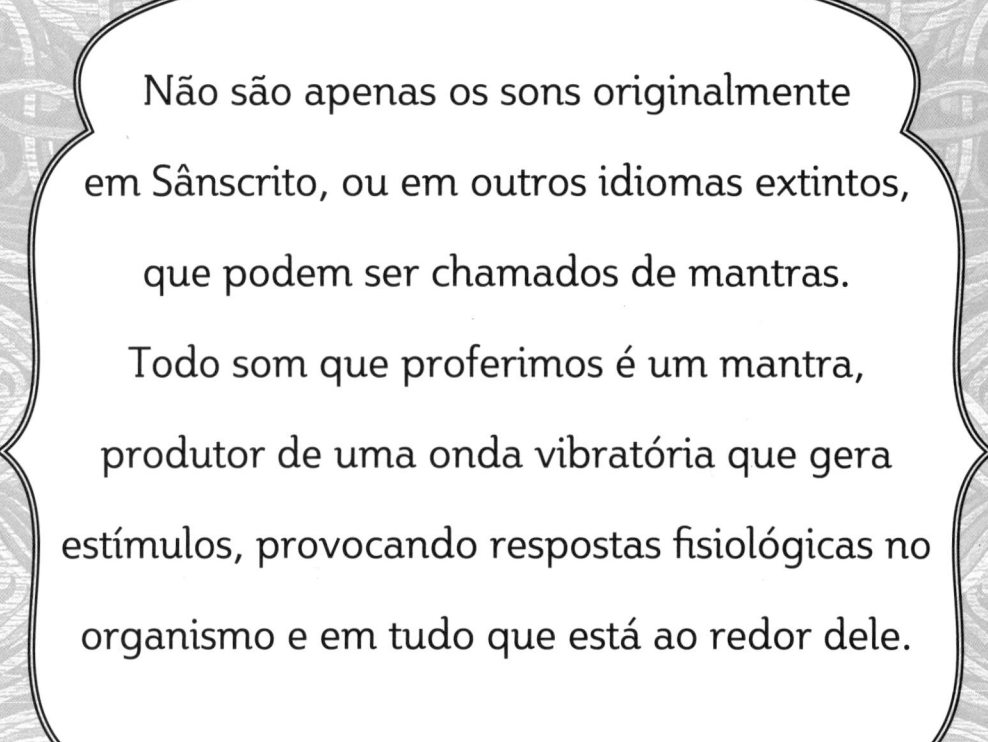

Não são apenas os sons originalmente em Sânscrito, ou em outros idiomas extintos, que podem ser chamados de mantras. Todo som que proferimos é um mantra, produtor de uma onda vibratória que gera estímulos, provocando respostas fisiológicas no organismo e em tudo que está ao redor dele.

Patrícia Cândido
@pat.candido

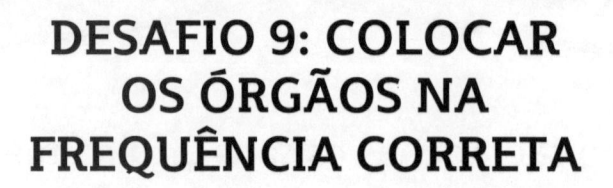

DESAFIO 9: COLOCAR OS ÓRGÃOS NA FREQUÊNCIA CORRETA

OM SRI SURYAYA NAMAHA

Coração, coluna, diafragma, timo, sangue e veias – Saudação ao Sol.

OM SRI CHANDRAYA NAMAHA

Estômago e processos gástricos; seios, sistema linfático e secreções, como suor e saliva; sistema nervoso simpático – Saudação à Lua.

OM SRI BUDHAYA NAMAHA

Mãos, braços, pulmões, órgãos sensoriais, alguma influência na tireoide – Saudação a Mercúrio.

OM SRI SHUKRAYA NAMAHA

Garganta, pescoço, rins, ligação secundária com os órgãos sexuais e pés, alguma influência na glândula tireoide – Saudação a Vênus.

OM SRI ANGARAKAYA NAMAHA

Órgãos sexuais, glândulas suprarrenais, glóbulos vermelhos – Saudação a Marte.

OM SRI GURAVE NAMAHA

Fígado, vesícula biliar, coxas, lobo posterior da pituitária – relacionado com o crescimento – Saudação a Júpiter.

OM SRI SHANAISHWARAYA NAMAHA

Baço, sistema ósseo, cartilagens, pele, perna – do joelho ao tornozelo; lobo anterior da glândula pituitária – relacionado ao tipo físico – Saudação a Saturno.

Esses mantras servem para que você coloque as partes do seu corpo na frequência correta.

Um corpo doente vibra em frequência diferente daquela em que deveria vibrar. Então, para cada parte do seu corpo que tiver um problema, cante o mantra correspondente, saudando seu planeta regente.

O especialista que estudou essa conexão entre os astros e o nosso corpo físico recomenda que, caso você não consiga localizar precisamente a parte do corpo que está necessitada de ajuda, pegue uma área próxima e cante o mantra relativo a essa região.

Diário da prática

Escolhi praticar esse mantra porque

_____
_____

O preparo da minha prática envolveu

_____
_____

Fiz _____ repetições diárias; e depois de _____ dias, me senti

_____
_____

Ao fim, alcancei meu objetivo de

_____
_____

DESAFIO 10:
TER SAÚDE

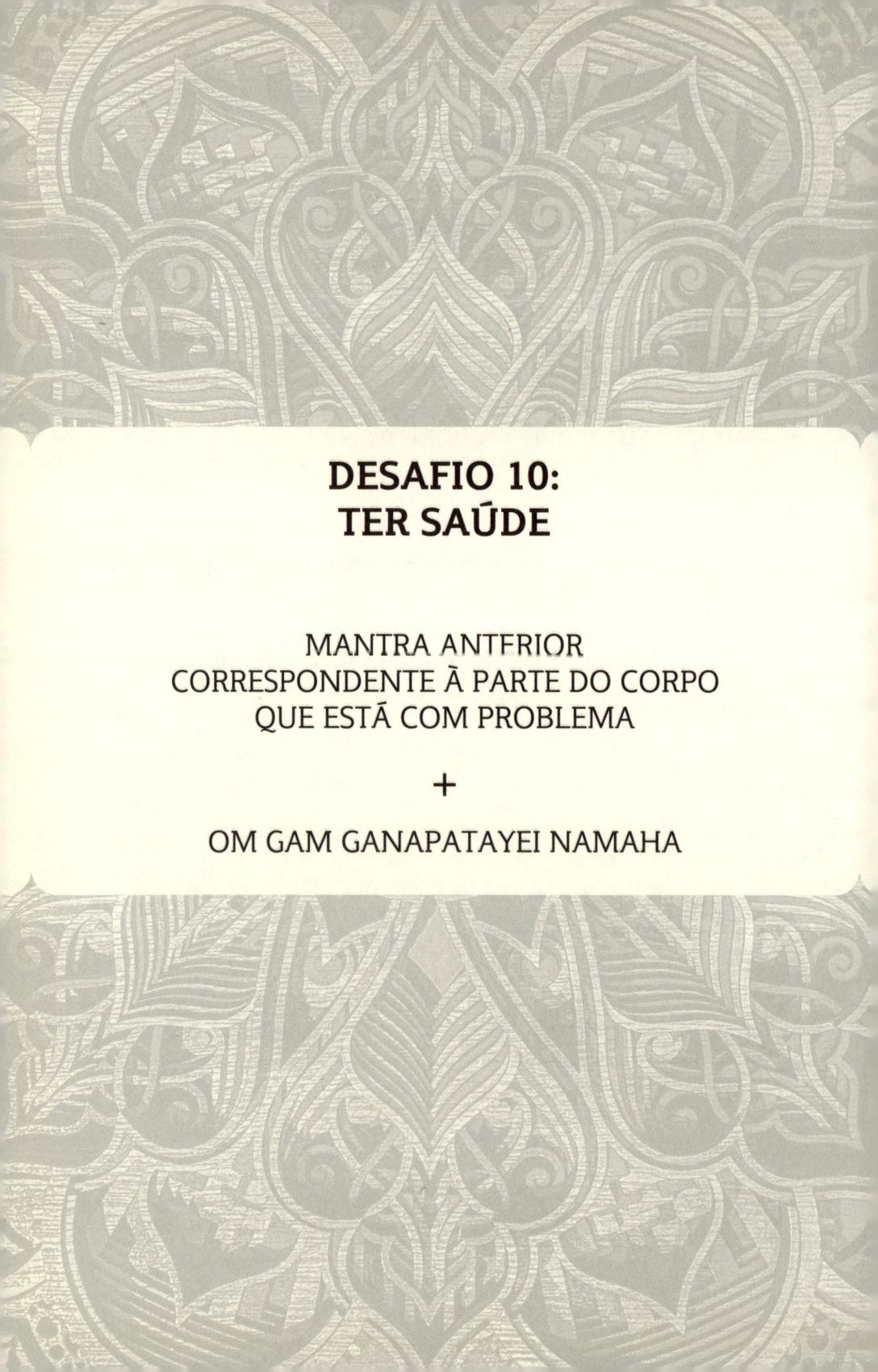

MANTRA ANTERIOR
CORRESPONDENTE À PARTE DO CORPO
QUE ESTÁ COM PROBLEMA

+

OM GAM GANAPATAYEI NAMAHA

Os mantras da seção anterior visam harmonizar as partes do corpo ao saudarem seus planetas regentes.

Então, para ter uma boa saúde, você deve cantar o mantra correspondente à parte do corpo que está em desajuste, junto com o mantra "Om Gam Ganapatayei Namaha".

Se o seu problema estiver no fígado, por exemplo, o mantra correspondente a essa parte do corpo é o "Om Sri Gurave Namaha". Basta cantá-lo e em seguida o "Om Gam Ganapatayei Namaha" para remover qualquer bloqueio energético que esteja impedindo seu fígado de pulsar na vibração correta.

Repita: "Om Sri Gurave Namaha Om Gam Ganapatayei Namaha" por qualquer número múltiplo de 9 (por exemplo: 9 vezes, 18 vezes, 27 vezes, 108 vezes).

Faça o mesmo processo com todas as partes do corpo que deseja curar, para restaurar a saúde plena.

Diário da prática

Escolhi praticar esse mantra porque

_____
_____

O preparo da minha prática envolveu

_____
_____

Fiz _____ repetições diárias; e depois de _____ dias, me senti

_____
_____

Ao fim, alcancei meu objetivo de

_____
_____

Uma das ferramentas mais poderosas para sair de uma mente confusa para um estado de consciência e lucidez é a prática dos mantras.

Patrícia Cândido
@pat.candido

DESAFIO 11:
DOMINAR O MEDO

TUMARE DARSHAN KI BELA
YE MAUSAM RAAS RACHANE KA
LIYE ULLAS KI SANSE
SAMAY MASTI ME JI NE KA

"Chegou o tempo em que finalmente te verei e dançarei com você. Respiro alegria! É o momento de viver em êxtase."

Quem não tem medo neste mundo? Toda pessoa tem algum medo na vida, em maior ou menor grau. Então, quando você estiver enfrentando um momento que desperta uma fobia e causa pânico, cante esse mantra.

O medo existe porque temos referências dele no passado. É o passado que nos traz o medo – embora às vezes também temamos o futuro, geralmente pela insegurança de não saber o que está por vir. O segredo, portanto, é aprender a viver no agora, no presente, porque o medo é incompatível com o presente.

Esse mantra, chamado Tumare Darshan, é uma benção do aqui-agora, que nos ensina exatamente isto: a viver e a contemplar as situações do nosso momento imediato. Ele vai ajudar você a vencer qualquer medo, em qualquer situação que esteja trazendo esse desconforto.

Sua tradução é uma ode ao prazer em estar vivo, uma celebração como forma de gratidão à vida.

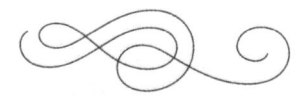

Diário da prática

Escolhi praticar esse mantra porque

_____
_____

O preparo da minha prática envolveu

_____
_____

Fiz _____ repetições diárias; e depois de _____ dias, me senti

_____
_____

Ao fim, alcancei meu objetivo de

_____
_____

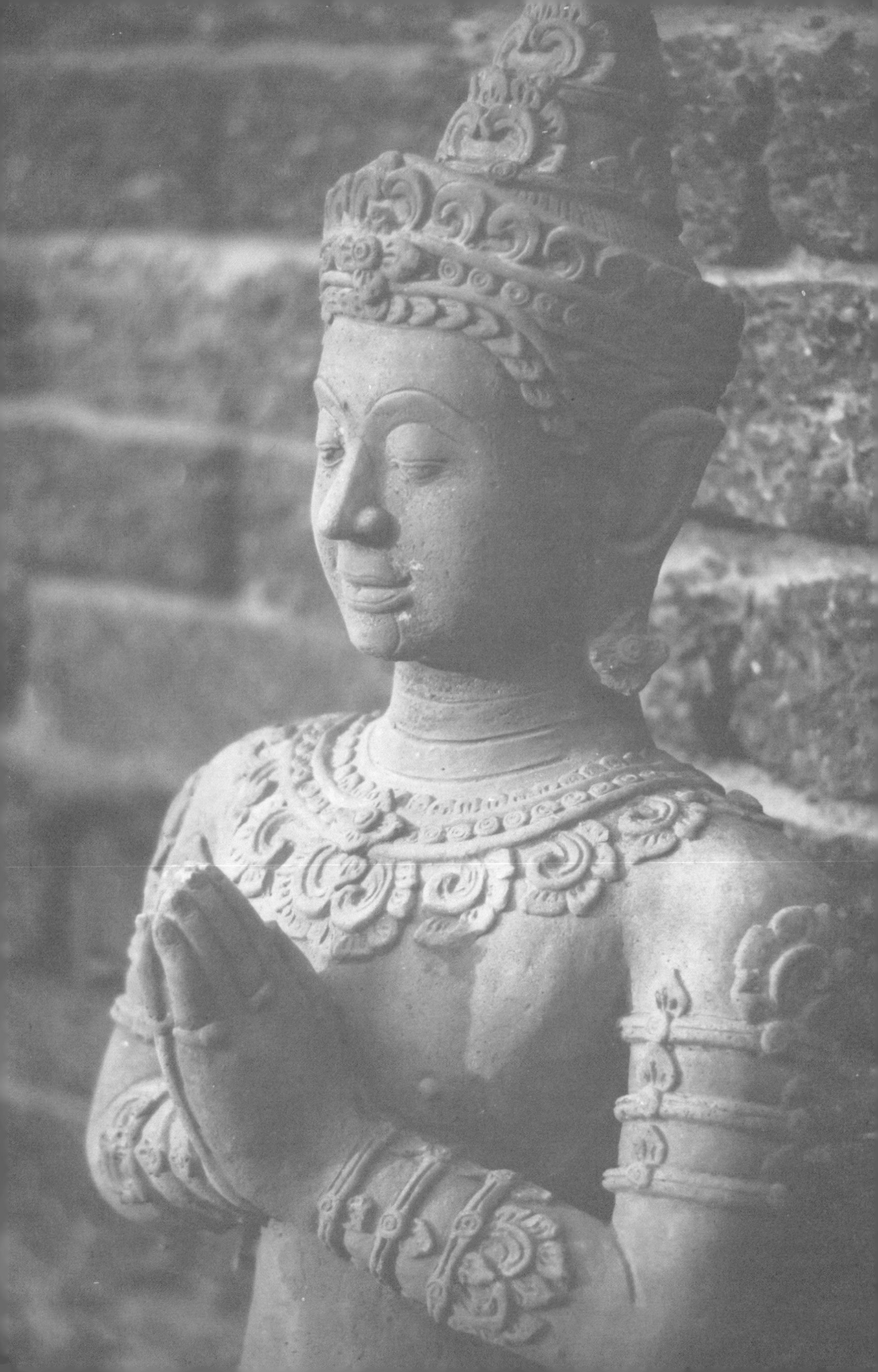

DESAFIO 12: AFASTAR MAUS ESPÍRITOS

OM APA-SARPANTU TAE BHUTA YEI BUTHA
BHUVI SAM-STITAHA
YEI BHUTA VIGNA KARTARA
STEI GACHANTU SHIVA AJNAYA

"Que os espíritos que estão assombrando esta área desapareçam e jamais retornem, por ordem de Shiva."

Sabe aqueles momentos em que você percebe que há algo estranho na sua casa ou no seu ambiente de trabalho? Que percebe vultos passando, ouve vozes, desconfia de que há alguma energia negativa por ali, tornando o lugar mais pesado? Esses fenômenos acontecem bem mais do que se pode imaginar.

Em mais de dez anos atuando diariamente em consultório de terapia, é incrível a quantidade de relatos que ouvi dessas situações. Por isso, resolvi trazer esse mantra, dedicado a Shiva, que é muito poderoso.

Shiva é o deus destruidor da ilusão. Na cosmogonia[4] hindu, o universo foi criado por Brahma, Vishnu e Shiva. Brahma cria, Vishnu mantém tudo funcionando pelo tempo necessário, e Shiva destrói as ilusões, nos mostrando que nada é permanente. Ele é representado como um deus alegre, que adora dançar (aliás, ele dança sobre o demônio Parama Purusha, que representa o ego humano). É também muito bem resolvido e equilibrado em seus aspectos feminino e masculino.

Em termos de força, pode-se dizer que Shiva é o mais intenso. Quando ele chega, é para sacudir mesmo, para

---

[4] Corpo de doutrinas, princípios (religiosos, míticos ou científicos) que se ocupa em explicar a origem do universo.

abalar as estruturas, e virar toda a nossa vida de cabeça para baixo, nos fazendo "cair na real". Ele mostra a verdade, que nem sempre é agradável...

No costume indiano, ao cantar um mantra dedicado a Shiva, faz-se isso com os olhos levemente entreabertos. Claro que cantá-lo de olhos abertos ou fechados não traz prejuízo algum, mas a tradição mostra que, nestes casos, se canta de olhos quase cerrados porque o próprio Shiva se mantém assim para não se prender nem muito ao céu, nem muito à ilusão da matéria, focando no equilíbrio do meio-termo.

Invocar e exaltar a energia de Shiva proporciona consciência, saúde, longevidade e alegria. Por isso, sempre que se sentir cercado de energias negativas de alguma forma, parecendo que você não é você mesmo naquele momento, pois está agindo diferentemente do costume, recite esse mantra, ou cante-o à sua maneira. Além disso, você ainda pode cantá-lo no quarto dos seus filhos, caso eles estejam acordando muito à noite em função de pesadelos.

Diário da prática

Escolhi praticar esse mantra porque

_____

_____

O preparo da minha prática envolveu

_____

_____

Fiz _____ repetições diárias; e depois de _____ dias, me senti

_____

_____

Ao fim, alcancei meu objetivo de

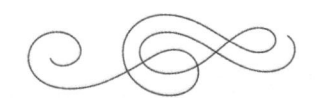

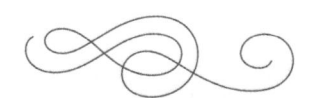

_____

_____

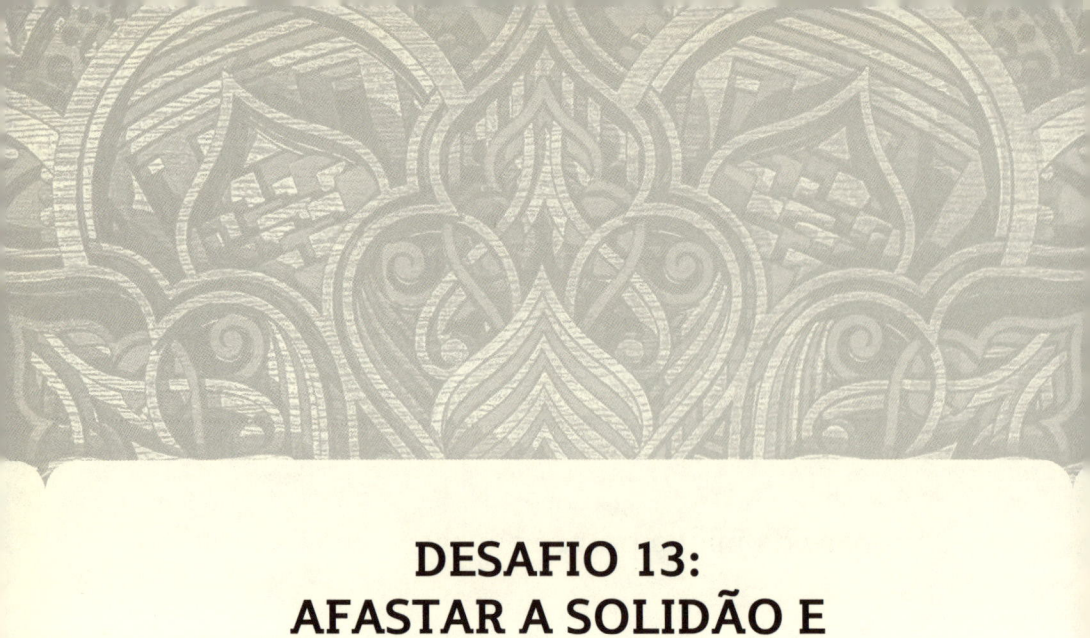

DESAFIO 13:
AFASTAR A SOLIDÃO E ATRAIR UMA COMPANHIA

OM HRAUM MITRAYA

"Que a luz da amizade brilhe por todo o meu ser, atraindo para mim pessoas dignas."

Esse é um mantra para espantar a solidão e atrair uma companhia, não necessariamente amorosa, mas para atrair mais amigos ao seu redor.

Pessoas que se sentem sós, ou que, por exemplo, se mudaram para outro país, para um lugar onde não tenham família e não conheçam ninguém, se beneficiarão muito com a prática desse mantra.

A tradução dele se assemelha muito àquele mantra pessoal que sempre gosto de repetir e ensinar, que diz "eu só atraio gente boa".

Diário da prática

Escolhi praticar esse mantra porque
_____
_____

O preparo da minha prática envolveu
_____
_____

Fiz _____ repetições diárias; e depois de _____ dias, me senti
_____
_____

Ao fim, alcancei meu objetivo de
_____
_____

Quem não tem controle sobre sua mente raramente consegue ter saúde, prosperidade e bons relacionamentos, já que fica à mercê do acaso, tornando-se simplesmente reativo diante das situações, sem conseguir ser um criador consciente da sua realidade.

Patrícia Cândido
@pat.candido

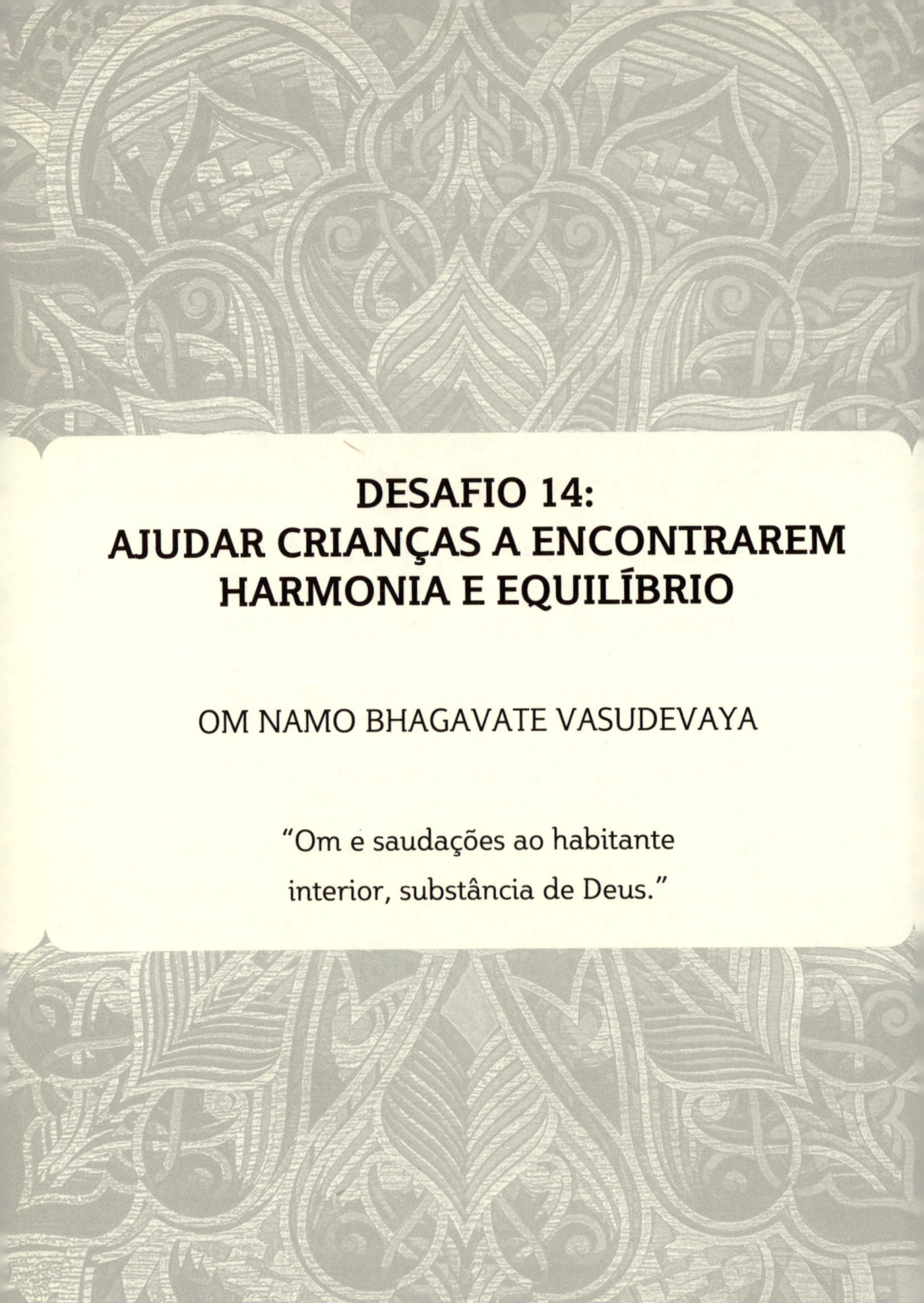

DESAFIO 14:
AJUDAR CRIANÇAS A ENCONTRAREM HARMONIA E EQUILÍBRIO

OM NAMO BHAGAVATE VASUDEVAYA

"Om e saudações ao habitante interior, substância de Deus."

Para as crianças hiperativas ou excessivamente carentes encontrarem harmonia e equilíbrio, esse é o mantra ideal.

Em anos de consultório, posso afirmar que 80% das pessoas que atendi eram crianças, então, acabei me identificando demais com elas, criando uma conexão especial. Além disso, esse mantra sempre me ajudou em casos difíceis de resolver, e, por isso, é um dos meus favoritos.

É um cântico sagrado que traz proteção porque invoca Vasudeva, pai de Krishna. Por isso, crianças carentes ou ativas demais melhoram consideravelmente de comportamento, pois sentem essa proteção.

Crianças muito carentes normalmente sentem medo do abandono. E crianças muito agitadas são assim porque de alguma forma se sentem desorientadas, sem liderança. Com a proteção paterna de Vasudeva, esse medo do abandono ou desorientação não têm mais razão de existir, e a criança enfim se harmoniza e se equilibra.

Esse mantra também nos ajuda a resgatar a nossa criança interior. Quando perdemos a felicidade, tornando-nos carrancudos e amargos, talvez o mais importante seja resgatar essa criança que habita em todos nós.

Diário da prática

Escolhi praticar esse mantra porque

_____

_____

O preparo da minha prática envolveu

_____

_____

Fiz _____ repetições diárias; e depois de _____ dias, me senti

_____

_____

Ao fim, alcancei meu objetivo de

_____

_____

Quando perdemos a felicidade, tornando-nos carrancudos e amargos, talvez o mais importante seja resgatar essa criança que habita em todos nós.

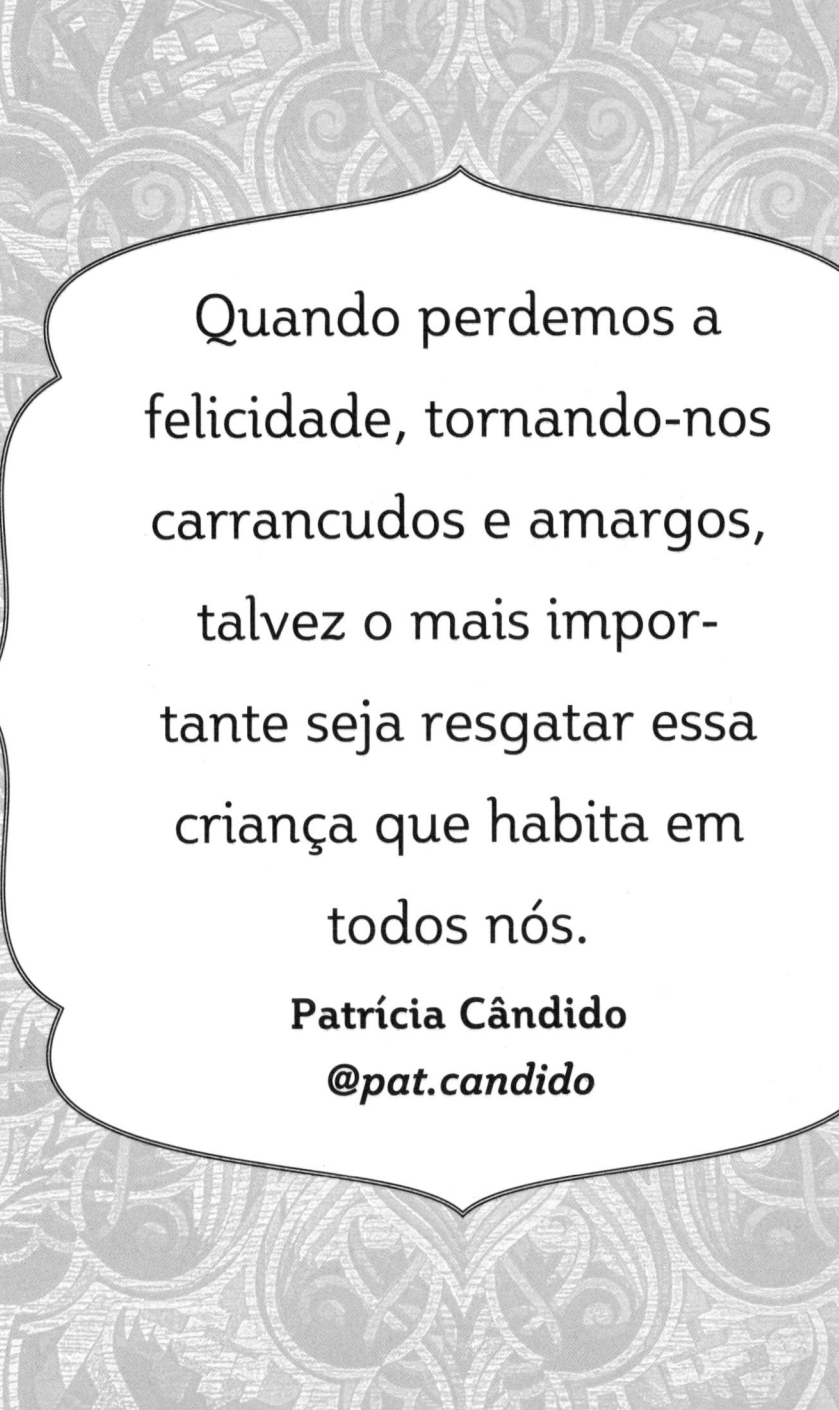

Patrícia Cândido
@pat.candido

DESAFIO 15:
ADQUIRIR CONFIANÇA
E FORÇA INTERIOR,
SENTIR-SE MAIS SEGURO

OM EIM HRIM KLIM CHAMUNDAYEI VICHE NAMAHA

*"Om e saudações àquela
que irradia poder e sabedoria."*

Há pessoas que são extremamente inseguras porque foram criadas para serem indecisas, e não foram incentivadas a tomar suas próprias decisões. Elas precisam trabalhar em si essas questões, e esse é o mantra mais indicado para ativar seu poder pessoal, confiança e segurança.

Conhecido como o mantra da alegria e da boa sorte, traz uma forte alegria interior, nos ensinando a gostar mais de nós mesmos. Ele vem para destruir os nós da ignorância, que prendem o coração da pessoa, impedindo-a de se libertar. É uma verdadeira invocação para trazer a energia do universo para dentro de si.

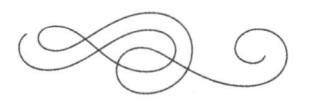

Diário da prática

Escolhi praticar esse mantra porque

_____
_____

O preparo da minha prática envolveu

_____
_____

Fiz _____ repetições diárias; e depois de _____ dias, me senti

_____
_____

Ao fim, alcancei meu objetivo de

_____
_____

Com controle mental, é possível obter realizações em diversas áreas, porque uma mente serena e tranquila melhora o alcance da visão, o horizonte de expectativas, aprimorando a capacidade de discernir e tomar decisões lúcidas diante dos percalços da vida.

Patrícia Cândido
@pat.candido

DESAFIO 16:
ATRAIR SORTE

OM SHARAVANA BHAVAYA NAMAHA

"Om e saudações ao filho de Shiva, que traz sucesso e que é o comandante do exército celestial."

Para atrair mais sorte, fortuna, prosperidade, enfim, as sincronicidades para que as coisas se encontrem e aconteçam na sua vida, esse é o mantra.

Além disso, ele também beneficia o praticante com um aumento da disposição física, mental e emocional. Isso porque invoca o filho de Shiva, que era um guerreiro; e guerreiros são por natureza criaturas fortes em todos os aspectos.

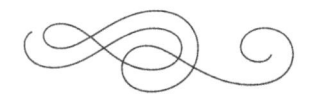

Diário da prática

Escolhi praticar esse mantra porque

_____
_____

O preparo da minha prática envolveu

_____
_____

Fiz _____ repetições diárias; e depois de _____ dias, me senti

_____
_____

Ao fim, alcancei meu objetivo de

_____
_____

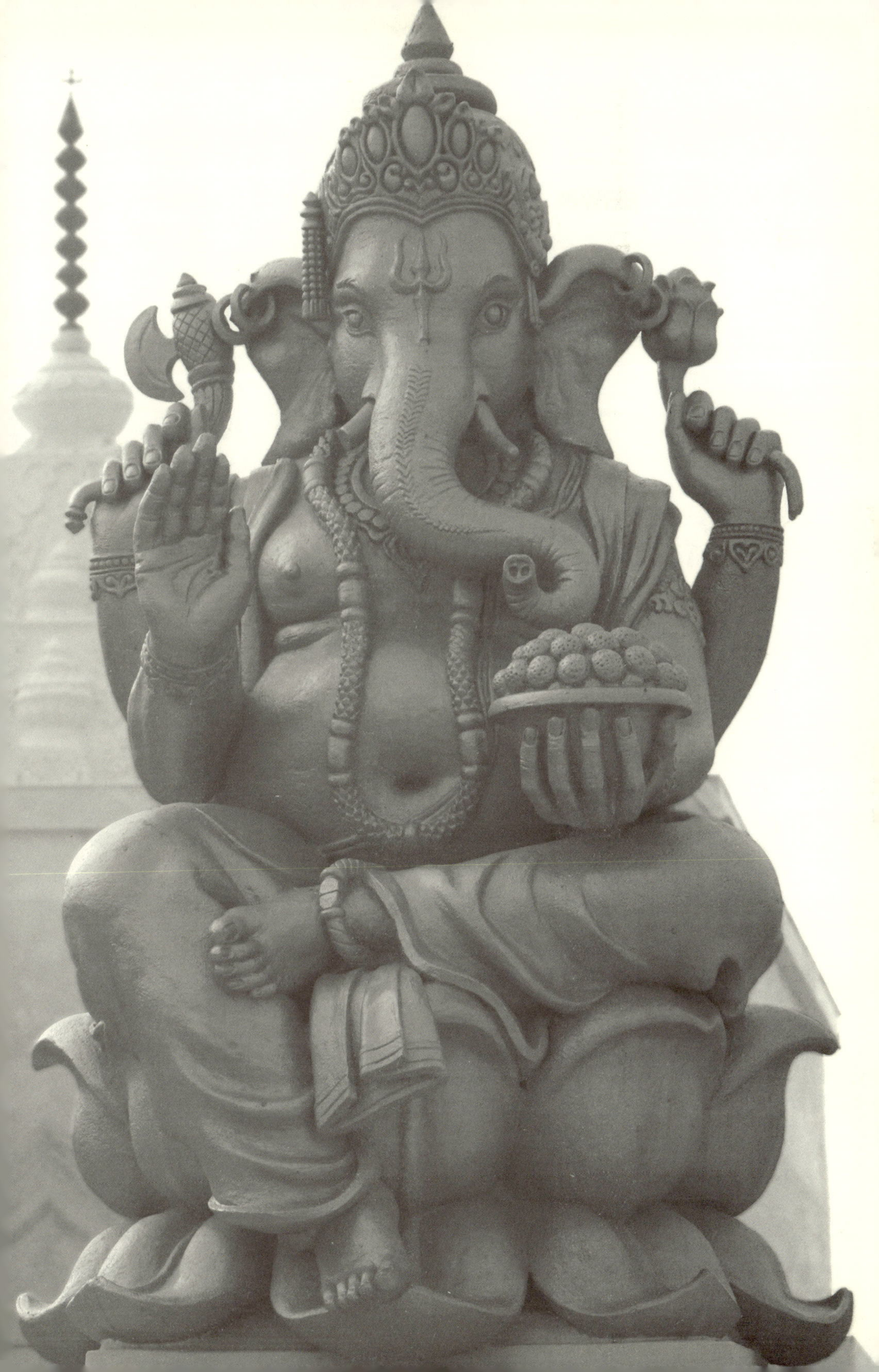

DESAFIO 17: ALCANÇAR EVOLUÇÃO ESPIRITUAL

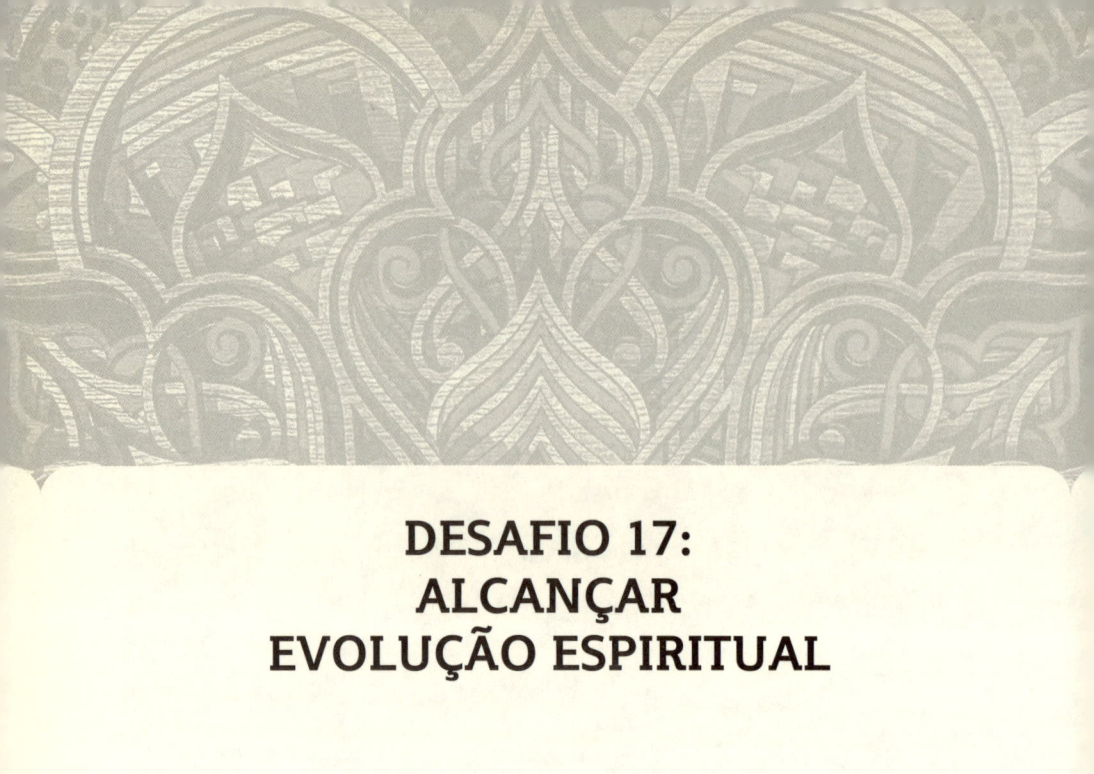

OM NAMAH SHIVAYA

"Invocando a presença de Shiva e dos cinco elementos."

Considerado o mantra da salvação, "Om Namah Shivaya" recebeu essa definição pelo poder de trazer alegria, calma e controle das emoções, dando sabedoria para enfrentar todas as dificuldades.

A letra, bem simples, invoca a presença de Shiva e dos cinco elementos da criação (OM) para dentro de si, ajustando o caminho da evolução espiritual.

É um cântico que saúda o mestre eterno que existe em cada um de nós, aquela luz e paz que transforma.

Ele acorda a consciência do ser puro ao invocar, confiar, honrar e se curvar à luz de Shiva.

Diário da prática

Escolhi praticar esse mantra porque

_____

_____

O preparo da minha prática envolveu

_____

_____

Fiz _____ repetições diárias; e depois de _____ dias, me senti

_____

_____

Ao fim, alcancei meu objetivo de

_____

_____

Discernimento e lucidez são as palavras que mais acompanham a prática dos mantras, porque à medida que nos aprofundamos nela, atingimos um elevado grau de autoconhecimento e desenvolvemos a intuição, nos tornando mais sensíveis, receptivos e capazes de entender melhor, por exemplo, quem são de fato as pessoas ao nosso redor.
O Universo se torna mais aberto,
e as coisas simplesmente fluem.

Patrícia Cândido
@pat.candido

DESAFIO 18:
CONQUISTAR A CURA
DO CORPO TER UM CORPO
SAUDÁVEL E ATLÉTICO

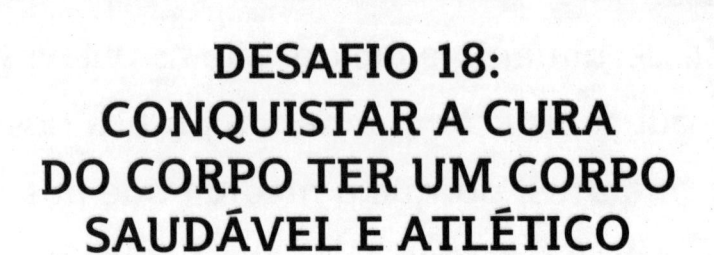

OM HUM HANUMATE VIJAYAM –

cura do corpo

"Vitória ao prana em seu curso evolutivo, que fortalece a vontade através do chacra da garganta."

OM SRI HANUMATE NAMAHA –

corpo saudável e atlético

"Saudação ao prana consciente."

O "Om Hum Hanumate Vijayam" mostra claramente o poder das palavras e da materialização vinda delas, diretamente do chacra laríngeo. Ele invoca a cura através de Hanuman, e a faz pelo centro de poder da garganta.

Hanuman é uma divindade hindu com rosto de macaco, amigo fiel de Rama, conhecido como o que traz coragem, valentia, força e sabedoria, mas sempre com humildade e devoção ao divino, sem as ilusões do ego. Visto como o deus que pode ajudar nas batalhas da vida, nas causas muito difíceis ou consideradas quase impossíveis.

Hanuman ocupa um espaço importante na religião hindu, pois representa a força devocional da amizade. Nos épicos hindus, Hanuman aparece como um protetor capaz de fazer o impossível para ajudar seus amigos nos momentos difíceis e desafiadores.

O "Om Sri Hanumate Namaha" é uma variação que invoca o prana consciente. Assim, quanto mais se pratica o mantra, mais o prana se impregna na consciência através da energia presente nesse som. Prana é a energia vital que dá sustentação a tudo que existe. É um princípio extrafísico que paira na atmosfera junto com o ar, circulando entre todos os seres vivos.

Como ajuda na força e agilidade do atleta, recomenda-se entoá-lo durante a prática da atividade física que se quer aprimorar, porque a conexão da consciência com a respiração aumenta a energia e a vitalidade.

Diário da prática

Escolhi praticar esse mantra porque

_____

_____

O preparo da minha prática envolveu

_____

_____

Fiz _____ repetições diárias; e depois de _____ dias, me senti

_____

_____

Ao fim, alcancei meu objetivo de

_____

_____

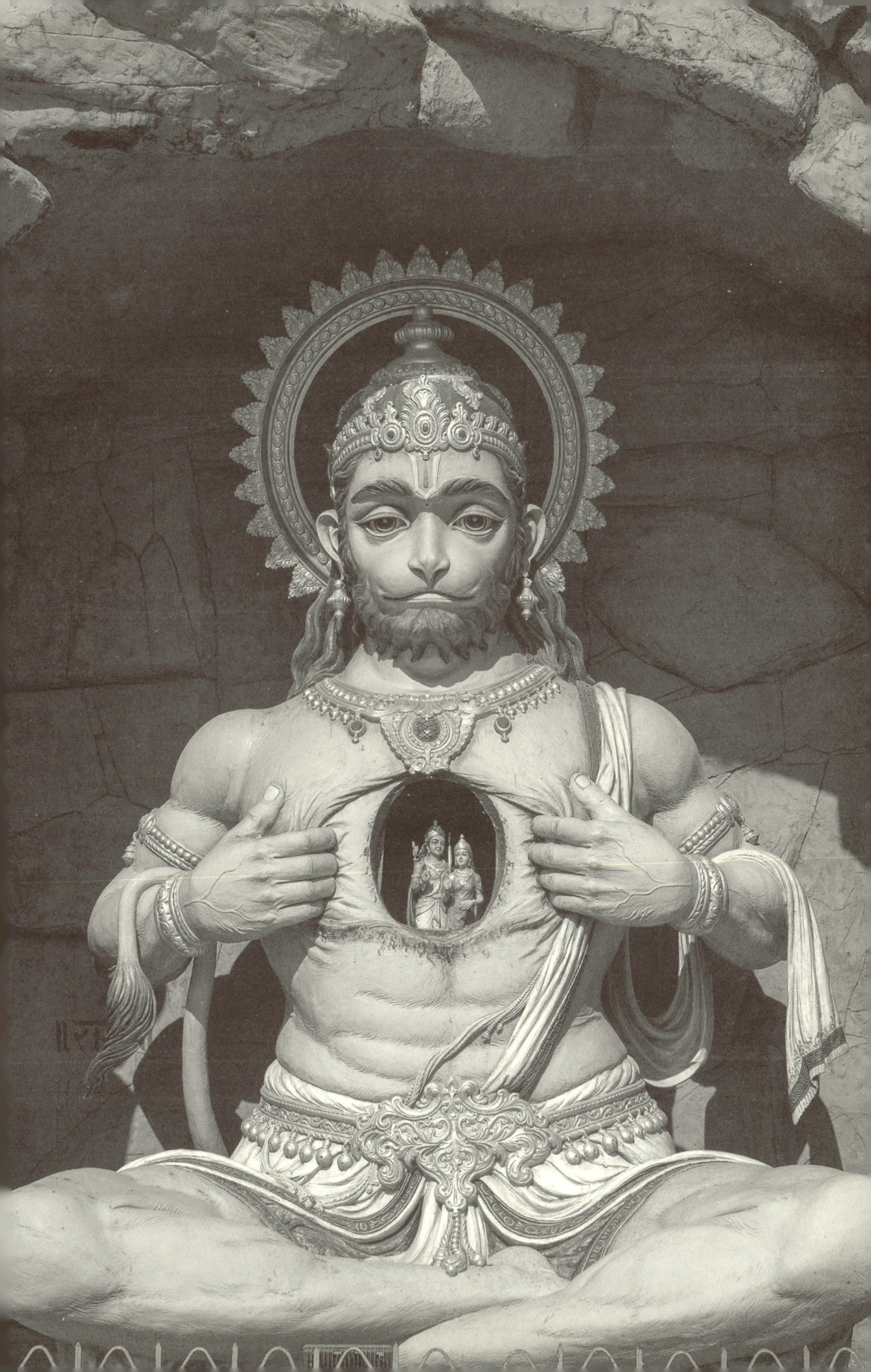

DESAFIO 19: ESTIMULAR A CRIATIVIDADE E O INTELECTO / FAVORECER OS ESTUDOS

OM EIM SARASWATIYEI NAMAHA

"Om e saudações ao princípio feminino Saraswati."

Se você está estudando para um vestibular ou concurso, se está fazendo mestrado ou trabalho de conclusão de curso, precisando estimular o intelecto e a criatividade, ou se você simplesmente quiser melhorar seu rendimento nos estudos e ampliar sua performance e capacidade de aprendizagem, pratique esse mantra.

Saraswati, que significa "essência do Ser", é a bela deusa hindu da sabedoria universal, das artes e da música, vinculada à inteligência, aos estudos e ao feminino.

Diário da prática

Escolhi praticar esse mantra porque

_____
_____

O preparo da minha prática envolveu

_____
_____

Fiz _____ repetições diárias; e depois de _____ dias, me senti

_____
_____

Ao fim, alcancei meu objetivo de

_____
_____

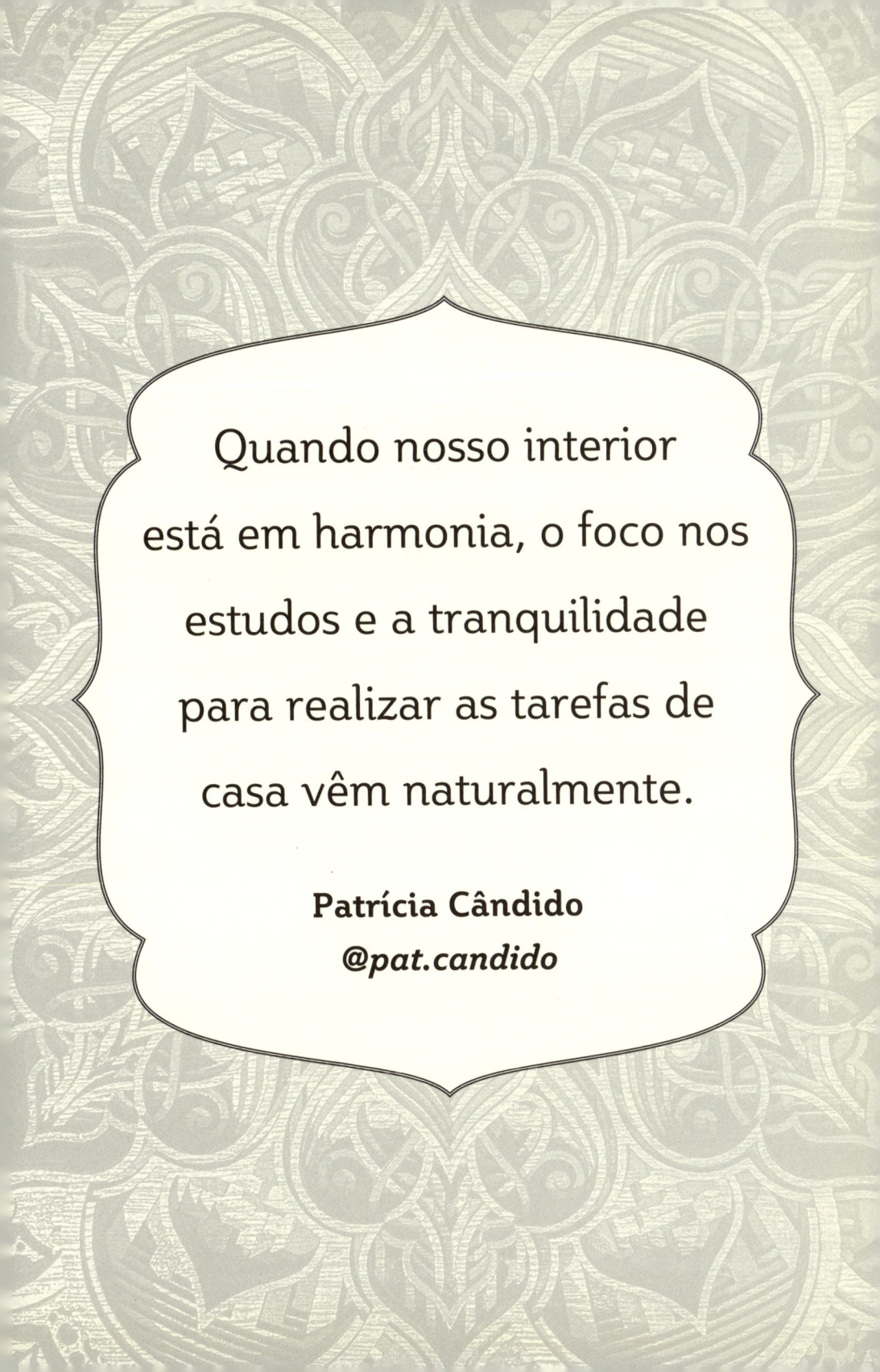

Quando nosso interior está em harmonia, o foco nos estudos e a tranquilidade para realizar as tarefas de casa vêm naturalmente.

Patrícia Cândido
@pat.candido

DESAFIO 20:
CONECTAR-SE COM
A FONTE DO
AMOR UNIVERSAL

OM NAMO NARAYANA

*"Om e o nome de Narayana,
a chama da verdade."*

Se você quer se conectar com o amor universal, ou seja, se conectar com Deus, e viver sempre conectado com a Fonte, buscando a energia no lugar certo, e não em pessoas ou situações, esse é o mantra ideal.

Narayana é a chama da verdade, a luz que mora no centro sagrado (um chacra secreto localizado mais ou menos 2 centímetros abaixo do coração), e que se manifesta de acordo com o desenvolvimento da nossa devoção.

É também um dos nomes de Krishna, que é considerado dentro do panteão hindu o grande Deus de sabedoria, de amor e de compaixão.

Esse cântico dedicado a Narayana é tão maravilhoso quanto agregador. Na Índia, há uma cerimônia chamada de Puja Satya Narayana, a "busca da verdade universal", que é realizada por pessoas de diferentes castas e credos, mostrando que essa chama da verdade está acima e além de todas as diferenças, sejam elas quais forem.

Por isso, é considerada a verdade universal, e quanto mais se praticar esse mantra, mais conectado ao seu Eu Divino você ficará.

Diário da prática

Escolhi praticar esse mantra porque

_____

_____

O preparo da minha prática envolveu

_____

_____

Fiz _____ repetições diárias; e depois de _____ dias, me senti

_____

_____

Ao fim, alcancei meu objetivo de

_____

_____

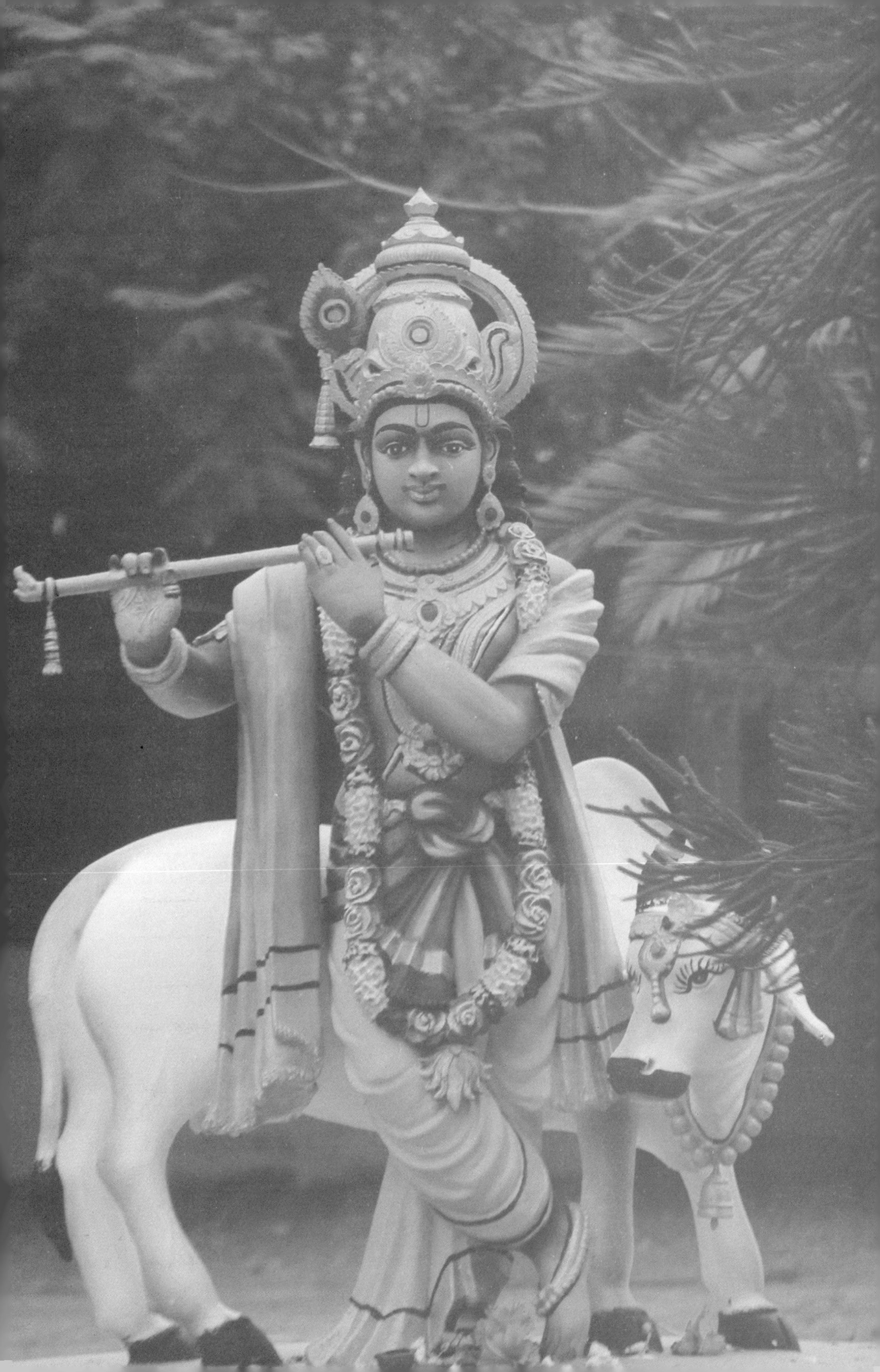

DESAFIO 21:
BUSCAR ORIENTAÇÃO DIVINA

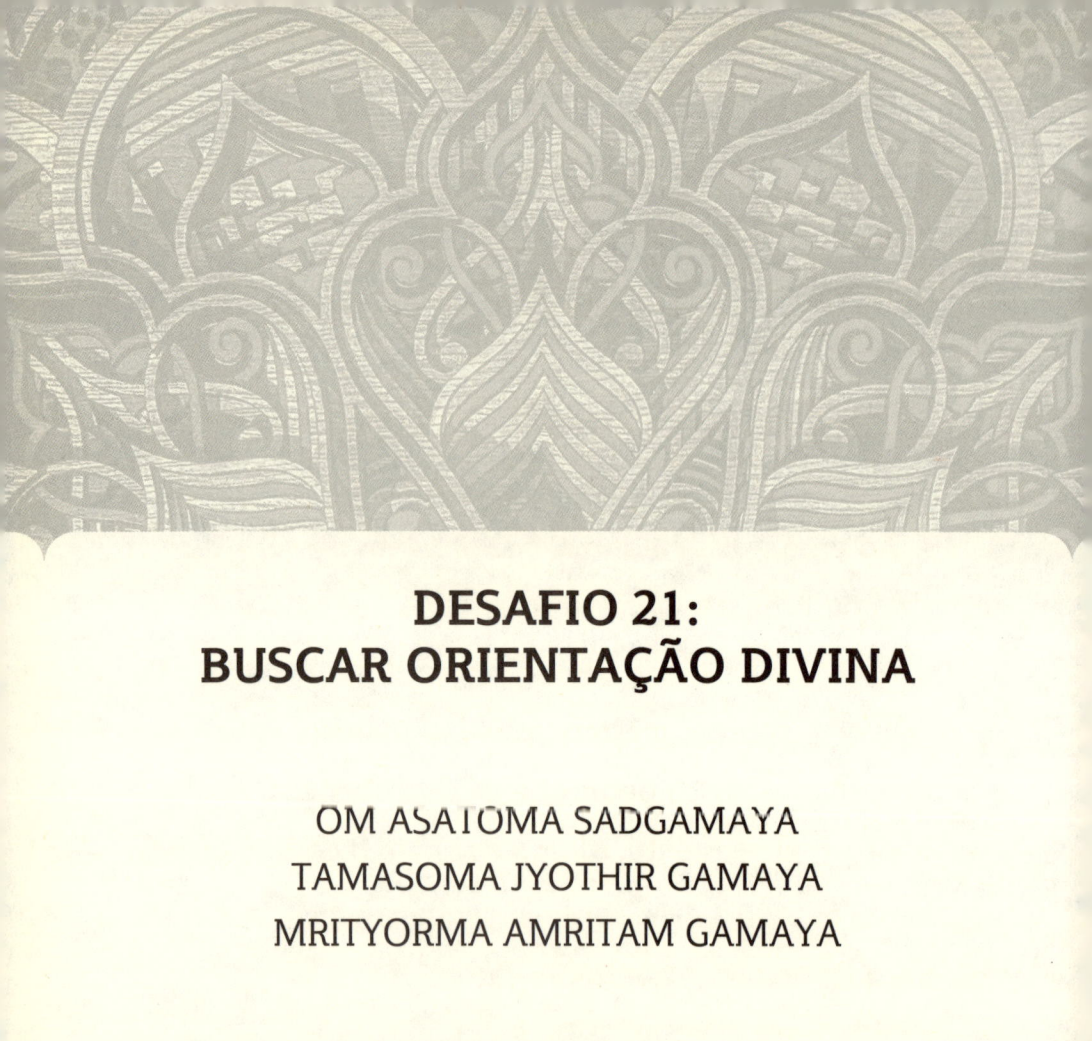

OM ASATOMA SADGAMAYA
TAMASOMA JYOTHIR GAMAYA
MRITYORMA AMRITAM GAMAYA

"Conduza-nos da irrealidade para a realidade,
das trevas para a luz, da morte para a imortalidade."

Quando se quer uma resposta para uma pergunta, quando se está em dúvida a respeito de alguma coisa, quando realmente se busca um norte para saber qual caminho seguir e o que fazer em uma situação, esse é o mantra que traz toda a orientação divina de que se precisa.

Ele consiste em uma oração pura, oposta às coisas mundanas. Ao entoar esse mantra, o praticante percebe que as coisas da matéria são vazias de sentido.

Em essência, é pedir à Divindade ajuda para se libertar dos equívocos sobre si mesmo, sobre o universo, e até sobre a própria divindade. É pedir que se seja abençoado com o verdadeiro conhecimento. Mais além: com o entendimento.

Quando se pede para ser levado da irrealidade à realidade, o que se quer é conhecer a essência de Deus. Quando se pede para sair das trevas e ir para a luz, o que se busca é o conhecimento. Mas quando se pede para ser imortal, o que se busca aí é o entendimento, e verdadeira orientação divina.

Conhecer não é sinônimo de entender, por isso, a verdadeira essência desse mantra é a busca pelo entendimento. É ir além do intelecto limitado e entender que se é eterno, absoluto, feliz e, sobretudo, consciente de todas essas coisas.

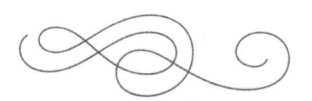

Diário da prática

Escolhi praticar esse mantra porque

_____

_____

O preparo da minha prática envolveu

_____

_____

Fiz _____ repetições diárias; e depois de _____ dias, me senti

_____

_____

Ao fim, alcancei meu objetivo de

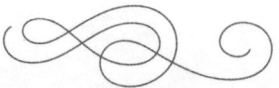

_____

_____

É importantíssimo tomar cuidado com o que pensamos e falamos, pois nossas palavras são dotadas de força. Quando ofendemos alguém, por exemplo, estamos criando uma força energética negativa, tanto contra a pessoa, quanto contra o ambiente onde estamos. Essa força é chamada de "mantra ao contrário".

Patrícia Cândido
@pat.candido

DESAFIO 22:
INVOCAR A PRESENÇA DE JESUS

OM JESU CHRISTAYA PARAMATMANE PURUSHA AVATARAYA NAMAHA

Declara que Jesus é o verdadeiro mestre do mundo, espírito que preside todos os espíritos, e está revestido de autoridade divina. Mantra para invocar o protetor do dharma[5] e grande iniciado do mundo.

---

[5] Dharma, ou darma, é uma palavra em sânscrito que significa "aquilo que mantém elevado". Também é entendido como a missão de vida, o que a pessoa veio para fazer no mundo.

Esse é um mantra específico para invocar a presença de Jesus, o diretor espiritual do planeta, segundo os indianos. Esse é o mesmo pensamento dos tibetanos e dos budistas. A maior diferença entre as religiões orientais e as ocidentais é que as religiões orientais afirmam que a Humanidade teve grandes mestres, entre eles, Jesus; enquanto as religiões ocidentais, de base cristã, só consideram Jesus como avatar.

As religiões não cristãs consideram Jesus como o grande intérprete do Cristo, que é a alma planetária, a força motriz que ativa o funcionamento de tudo o que é vivo. Essa energia vital foi conhecida por nomes diferentes em todas as civilizações. Nomes como fluído vital, quintessência, arkhé, psicossoma, ânima, nefesh, ka, ki, chi, prana, luz ou espírito santo, são nomes que denominam a energia vital presente em todos os seres vivos e que habita todos os espaços. Essa energia vital é a matriz original, Fonte, energia criadora, a razão de tudo o que existe, o logos universal.

Jesus é até hoje a pessoa mais conhecida do planeta Terra e por isso é considerado o maior e melhor intérprete do Cristo, pois conseguiu transmitir sua mensagem de forma que ela continuasse viva até os dias atuais.

Jesus realmente falou na Bíblia que ele "é o caminho, a verdade e a vida", mas quando pronunciou essas palavras, estava falando como o Cristo, que é o Espírito Santo que habita tudo o que é vivo em nosso planeta. Porém, Jesus não falava por si, como homem, e sim como Espírito Santo, a grande Divindade Criadora. Era seu porta-voz.

Normalmente as pessoas confundem o homem Jesus com Sua identidade crística. Jesus foi um canalizados da mensagem crística, transmitindo amor, paz, sabedoria e conceitos extremamente evoluídos para sua época.

Jesus é considerado o grande mentor de nossa era, pois conseguiu imprimir uma mensagem de fé e esperança no coração da humanidade.

Por isso é que existe um mantra para invocar Sua presença. Todas as vezes que quiser invocar a presença, sabedoria e amor de Jesus, cante esse mantra.

Diário da prática

Escolhi praticar esse mantra porque

_____
_____

O preparo da minha prática envolveu

_____
_____

Fiz _____ repetições diárias; e depois de _____ dias, me senti

_____
_____

Ao fim, alcancei meu objetivo de

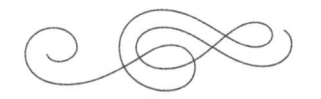

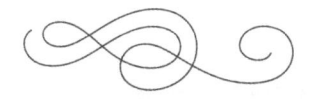

_____
_____

DESAFIO 23:
INVOCAR A PRESENÇA
DE KUAN YIN

NAMO KWAN SHI YIN PU SA

Invoca a essência dos Budas e Bodhisattvas.

Esse mantra é para invocar a presença de todos os Budas e Bodhisattvas (candidatos a Buda), em especial da mestra Kuan Yin.

Kuan Yin é uma Bodhisattva da compaixão e do auxílio ilimitado a todos os seres. Grande protetora das gestantes e das mães, auxilia os que sofrem livrando-os de dores, mostrando o caminho àqueles que buscam a iluminação.

O mestre Jesus ensinou que, sem amor, todos nós perecemos. A consciência pode se expandir, o conhecimento pode aumentar, e até mesmo os poderes espirituais podem se manifestar, mas sem compaixão, eles não são nada. A ideia aqui é a mesma: o mantra de Kuan Yin impregna em todos os seres a compaixão que faz tudo se manifestar como deve, com essência divina.

Então, sempre que precisar sentir amor, ou ser uma pessoa mais amorosa e compassiva, ou se estiver vivendo uma situação difícil em família, invoque a presença de Kuan Yin, trazendo, também, a energia sublime dos Budas.

Praticar esse mantra contribui para aumentar a compaixão não apenas em sua vida, mas no mundo.

Diário da prática

Escolhi praticar esse mantra porque

_____

_____

O preparo da minha prática envolveu

_____

_____

Fiz _____ repetições diárias; e depois de _____ dias, me senti

_____

_____

Ao fim, alcancei meu objetivo de

_____

_____

É necessário ter em mente que as mudanças promovidas pelos mantras ocorrem de dentro para fora. Primeiro, as emoções se ajustam, e isso consequentemente irá refletir no corpo físico.

Patrícia Cândido
@pat.candido

DESAFIO 24:
DESPERTAR SEU MESTRE INTERIOR

OM GUM GURUBHYO NAMAHA

"Om e saudações àquele que dissipa as trevas
da ignorância e todos os seus obstáculos."

Muitos acham que "não sabem nada", ou que "nem imaginam" a missão de sua alma, e afirmam coisas como "não me encontrei neste mundo" e "não sei por que estou vivendo".

Tudo isso ocorre quando o mestre interior está adormecido. Porque quando ele está desperto, a pessoa sabe o que fazer, já que fica alinhada com o mestre superior, que é a fonte divina da criação.

"Guru" não é uma pessoa, é um princípio divino que existe dentro de cada um, mas que nem sempre está ativo e funcionando. Suas sílabas, Gu e Ru, significam respectivamente "treva" e "o que dissipa", então, o princípio do guru é limpar a nossa mente da escuridão da ignorância. Ele faz nossa mente entender que tem de buscar a luz, encontrá-la, se render a ela, chegando à iluminação.

Com frequência, não conseguimos seguir esse mestre interior simplesmente por não estarmos conseguindo entrar em contato com ele. A nossa mente ignora esse princípio, sem saber para onde ele está nos levando. Por isso que muitas vezes procuramos gurus fora de nós. Temos a necessidade de algo ou alguém para nos dizer aonde ir.

Só que esses mestres externos, acredite, são simplesmente pessoas que escutam o seu próprio mestre interior, então, ao invés de seguir o guru alheio, pratique esse mantra que o ajudará a remover os obstáculos do caminho entre o seu guia interior e a sua mente consciente e alerta.

Diário da prática

Escolhi praticar esse mantra porque
_____
_____

O preparo da minha prática envolveu
_____
_____

Fiz _____ repetições diárias; e depois de _____ dias, me senti
_____
_____

Ao fim, alcancei meu objetivo de
_____
_____

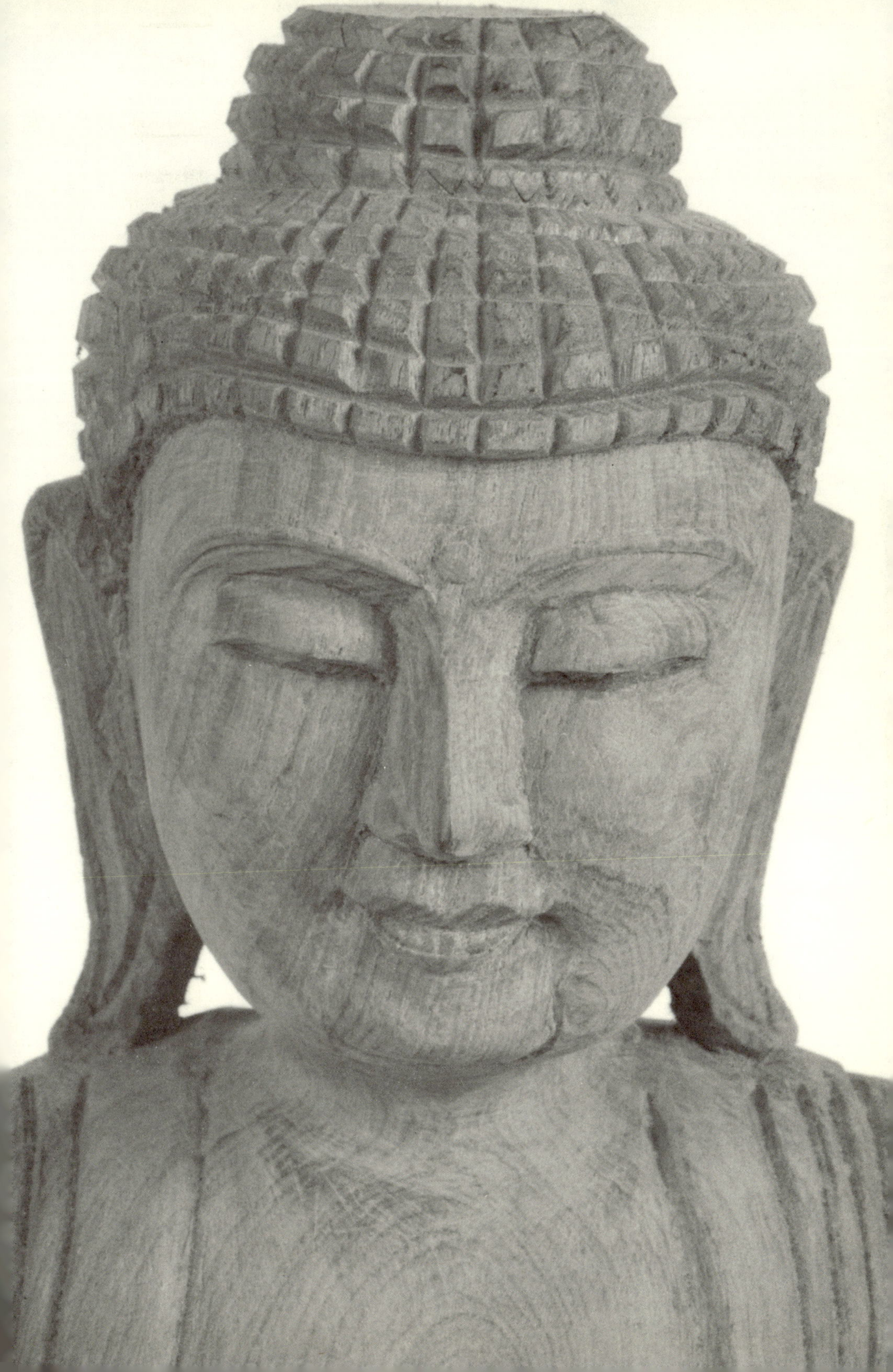

DESAFIO 25:
EQUILIBRAR E HARMONIZAR A SEXUALIDADE

PANDURANGA HARI, PANDURANGA HARI
MUKUNDA MURARI, MUKUNDA MURARI
PANDURANGA PANDURANGA,
PANDURANGA PANDURANGA
PANDURANGA HARI, PANDURANGA HARI
PANDURANGA HARI JAI JAI,
PANDURANGA HARI JAI JAI
PANDURANGA HARI, PANDURANGA HARI
PANDURANGA PANDURANGA,
PANDURANGA PANDURANGA
PANDURANGA HARI,
PANDURANGA HARI

"Panduranga, Luz Branca, Libertador
e Destruidor de Demônios."

Esse mantra equilibra e harmoniza a sexualidade, trazendo libertação ao colocá-lo em contato com sua luz interior. Ele integra sexualidade e espiritualidade, mostrando que todo ser pode ser sensual e santo ao mesmo tempo, pois a sexualidade é sagrada.

A sensualidade está associada aos nossos sentidos, ao perceber as coisas e o mundo através do tato, da visão, do olfato, do paladar e da audição. É quando você está conectado, percebendo tudo ao seu redor. E vale ressaltar que sexualidade não é pecado, nem tabu: é algo sagrado, que, inclusive, nos dá a vida.

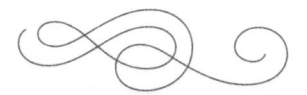

Então, se a pessoa tem uma vida sexual hiperativa ou hipoativa, se é viciado em pornografia ou se distorce a sexualidade, esse mantra equilibra tudo isso, porque trabalha as questões que envolvem o tema de um modo geral.

Ao ser entoado, funciona como uma chama interior que acende todos os chacras, trazendo uma sensação de plenitude, de felicidade em estar vivo, destruindo os demônios internos que nós mesmos criamos e que acabam bloqueando nossos chacras, impedindo o caminho da sexualidade dentro de nós – o caminho da Kundalini Shaktí, deusa detentora do poder de gerar a vida.

Por ser um mantra repetido, que já é naturalmente cantado duas vezes, os casais podem cantar juntos para se harmonizarem ou melhorarem ainda mais a sexualidade na relação. Um canta a primeira parte, e o outro repete em seguida.

Diário da prática

Escolhi praticar esse mantra porque

_____
_____

O preparo da minha prática envolveu

_____
_____

Fiz _____ repetições diárias; e depois de _____ dias, me senti

_____
_____

Ao fim, alcancei meu objetivo de

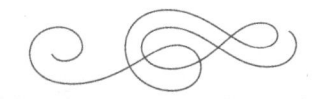

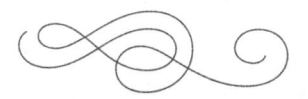

_____
_____

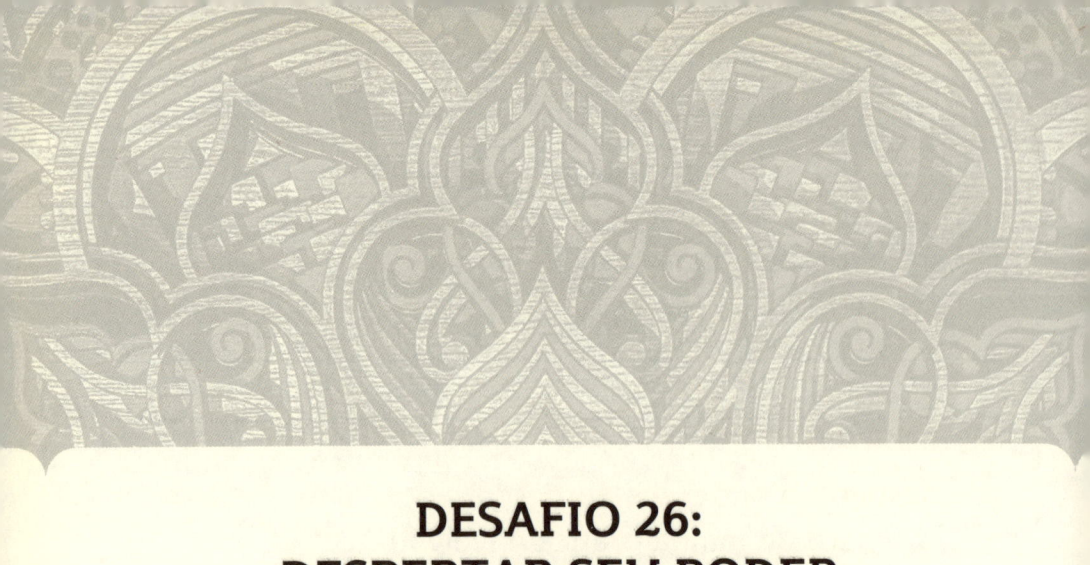

DESAFIO 26: DESPERTAR SEU PODER E AUTOESTIMA, SUA FORÇA FEMININA

SARASWATI, MAHALAKSHMI, DURGA, DEVI, NAMAHA

Invoca o poder e a força indestrutível das deusas hindus.

Apesar de despertar a força Yin e a autoestima feminina, sendo dedicado a quatro deusas hindus, os homens e outros gêneros também podem cantar esse mantra, pois ele desperta o poder e a autoestima dentro de cada ser.

Ele invoca uma força materna de proteção, porque o hinduísmo crê que as deusas se desdobram em várias forças femininas. Uma mulher, para eles, não é uma única pessoa. Quando uma mulher está embalando seu bebê, ela tem uma postura; quando está trabalhando, tem outra; num romance, com seu amor, outra postura... E quando ela tem de batalhar, lutar por suas coisas, ela tem uma postura feroz.

Quando a mulher está desencontrada do seu poder, do seu equilíbrio, ela tem uma postura de maledicência, fofoca e julgamento. É assim que os hindus veem as deusas: como cada uma assumindo, representando um aspecto, uma face oculta do poder feminino.

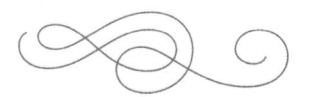

Diário da prática

Escolhi praticar esse mantra porque
_____
_____

O preparo da minha prática envolveu
_____
_____

Fiz _____ repetições diárias; e depois de _____ dias, me senti
_____
_____

Ao fim, alcancei meu objetivo de
_____
_____

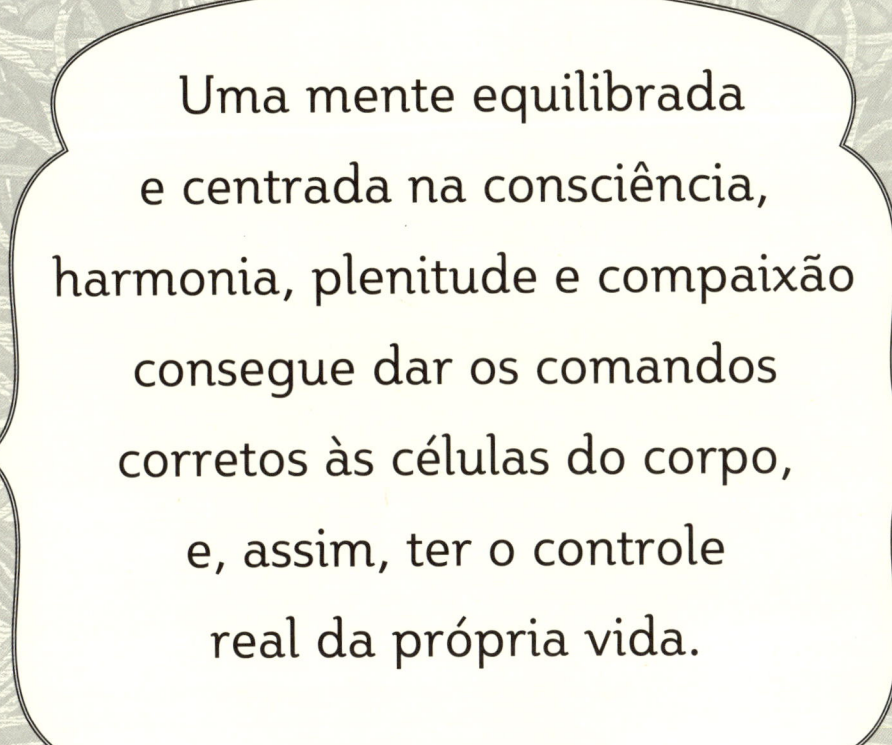

Uma mente equilibrada
e centrada na consciência,
harmonia, plenitude e compaixão
consegue dar os comandos
corretos às células do corpo,
e, assim, ter o controle
real da própria vida.

Patrícia Cândido
@pat.candido

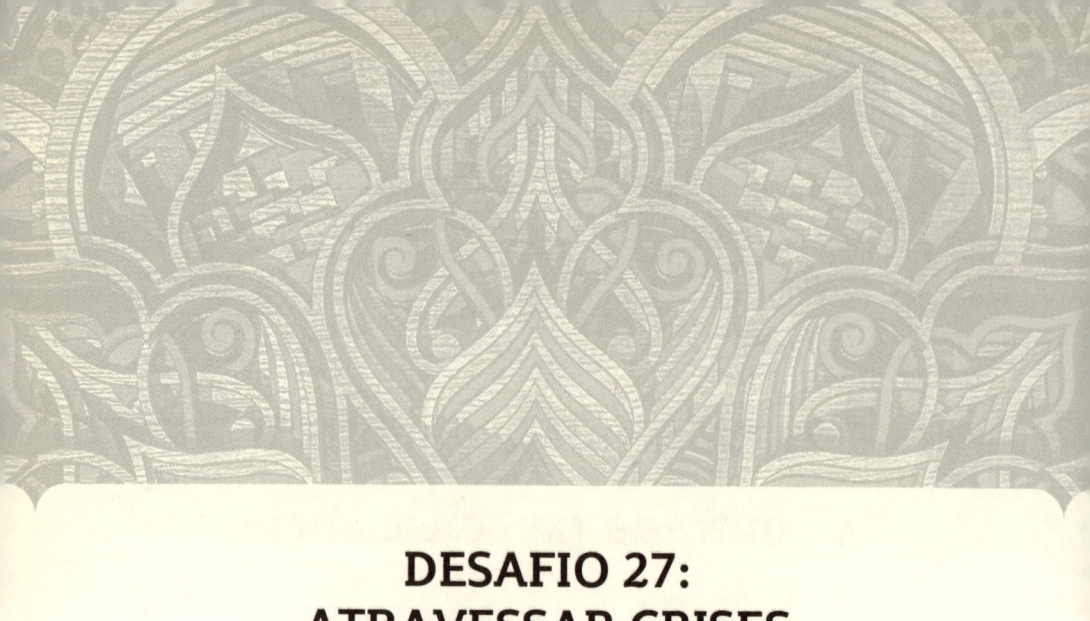

DESAFIO 27:
ATRAVESSAR CRISES
COM EQUILÍBRIO

GATE, GATE, PARAGATE
PARASAMGATE BODHI SWAHA

"Indo além, e mais além,
até a iluminação."

Crises sempre existirão em nossas vidas. Elas sempre vêm. Todos nós temos momentos escuros e precisamos passar por eles para enxergar a luz.

A palavra crise vem do grego *crisis*, que significa ruptura, então, uma crise não é necessariamente algo negativo, pois, dependendo do que ela vem romper, fará um trabalho positivo na vida de quem a enfrenta.

Quando uma crise vem, é porque algo precisava acabar! Era necessário um rompimento de padrões para uma renovação, mas não havia ali a coragem para isso.

Para enfrentar o período, e principalmente entender o que está acontecendo, o mantra "gate gate" é o mais indicado.

Os "gates" são o conjunto de montanhas do Himalaia. Esse mantra explica que o caminho da evolução espiritual é tão difícil quanto atravessar sozinho os gates, pois é humanamente impossível sobreviver a tanto gelo, vento e condições climáticas terríveis no percurso. Mas apesar de sugerir que o caminho é árduo, ele ensina que não se pode desistir.

O caminho da redenção nunca é o mais fácil. É cheio de provas até chegar à luz. Por isso, esse mantra ajuda a enfrentar a crise com serenidade, compreendendo as causas dos acontecimentos.

Diário da prática

Escolhi praticar esse mantra porque
_____
_____

O preparo da minha prática envolveu
_____
_____

Fiz _____ repetições diárias; e depois de _____ dias, me senti
_____
_____

Ao fim, alcancei meu objetivo de
_____
_____

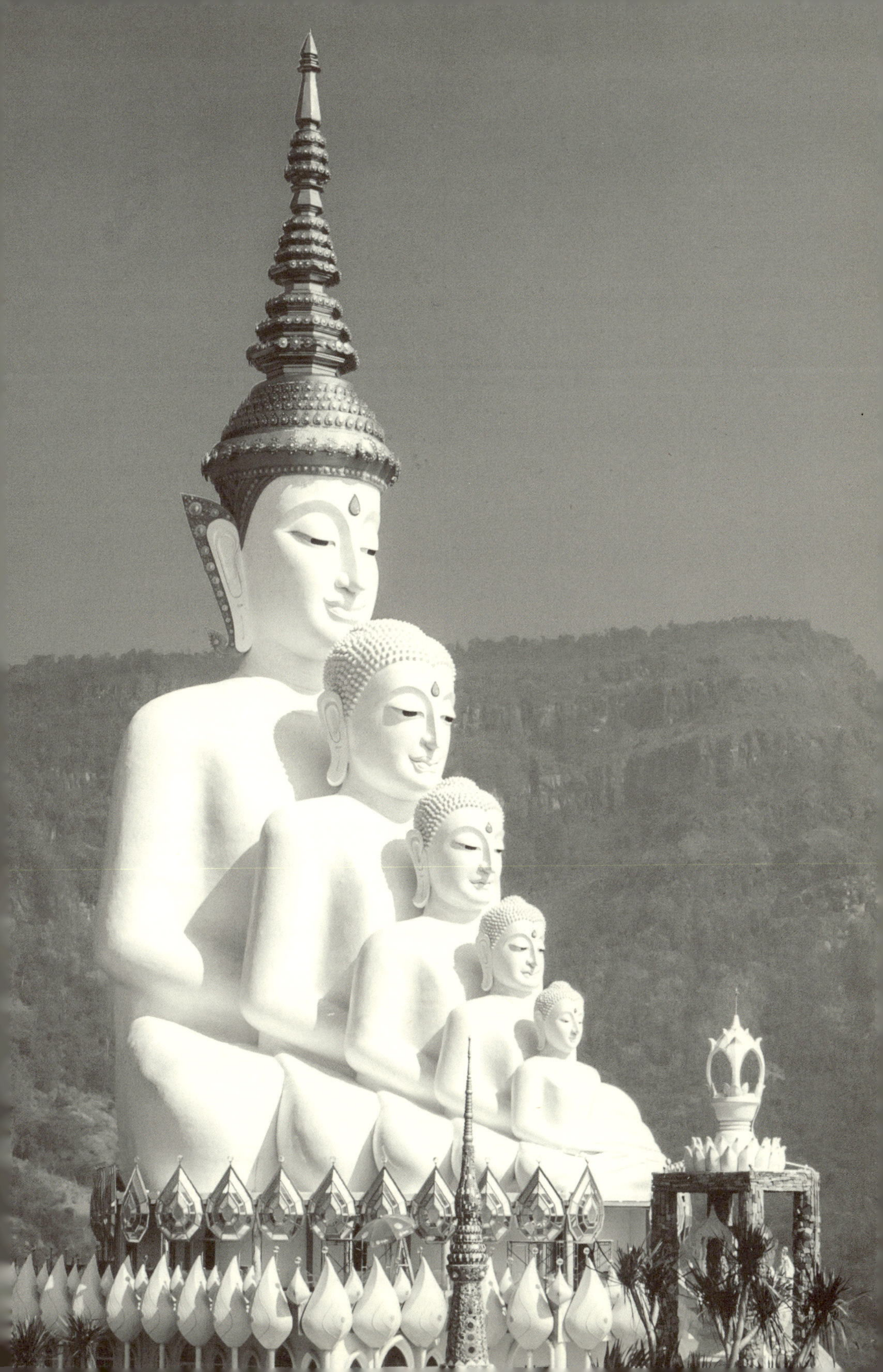

DESAFIO 28:
UNIR-SE A DEUS

AUM SAT-CHIT ANANDA PARABRAHMA
PURUSHOTAMA, PARAMATMA
SRI BHAGAVATHI SAMETHA
SRI BHAGAVATHE NAMAHA
HARI OM TAT SAT
HARI OM TAT SAT
HARI OM TAT SAT
HARI OM TAT SAT

Evoca o Deus Vivo, pedindo proteção e libertação
de toda a tristeza e sofrimento. Transporta
a nossa mente a um estado de amor
incondicional e alegria ilimitada.

Este é o Moola Mantra, que nos torna Deus em ação, pois invoca para dentro de nós a força de Sat-Chit Ananda, que é a consciência de Deus, trazendo a libertação de toda tristeza e sofrimento.

É para que você se una a Deus definitivamente, pois essa energia onipresente pode se manifestar em qualquer lugar, a qualquer momento, basta que seja invocada – com toda a humildade e respeito.

Esse mantra está entre os meus cinco preferidos. Quando canto, fico tão conectada com o Deus Vivo que sinto os blocos de energia divina acoplando-se em minha aura.

É impressionante a felicidade e a alegria que sinto. Falo da felicidade real e espiritual. E para que você também possa experimentar o que é a paz verdadeira, faça o mesmo que eu: cante-o sempre.

Diário da prática

Escolhi praticar esse mantra porque

_____
_____

O preparo da minha prática envolveu

_____
_____

Fiz _____ repetições diárias; e depois de _____ dias, me senti

_____
_____

Ao fim, alcancei meu objetivo de

_____
_____

Os grandes mestres dizem que um insulto ou uma maledicência fazem mal a todos os envolvidos: falante, ouvinte e destinatário da energia emanada – e mais: afirmam que quem ouve é o mais prejudicado, por se tornar um propagador da chamada língua ferina.

Patrícia Cândido
@pat.candido

DESAFIO 29: CONQUISTAR PAZ ENTRE TODOS OS SERES

OM SHANTI OM

Invoca a energia da paz universal.

Quando estamos neste plano de existência, temos uma obrigação: espalhar o dharma pelo mundo! Dharma é uma ação que se faz em benefício de todos os seres. E esse mantra auxilia você a cumprir o seu.

Já que a vida nos foi dada, e temos a oportunidade de evoluir; e por haver uma legião de seres de luz responsável por cuidar de nossa trajetória evolutiva; penso, sinceramente, que é nosso dever ajudar ao próximo.

Você espalha dharma quando deseja a felicidade e o despertar espiritual de todos os seres, quando deseja que todos sejam felizes e se libertem da roda do sofrimento. Assim, você se torna mestre de alguém, nem que seja de si mesmo. Todos nós podemos nos tornar mestres, ainda que da própria vida.

Em casa, coloco o globo terrestre que tenho no meu escritório entre minhas mãos, e canto esse mantra para o planeta, para que nosso mundo tenha paz, pois ele invoca justamente a paz universal.

Você também pode fazer isso e contribuir para que o mundo seja um lugar melhor para todos. Bastam um ou dois minutos do seu dia para realizar esta prática pela nossa Terra, levando a energia da paz àqueles que tanto precisam despertar.

Diário da prática

Escolhi praticar esse mantra porque

_____
_____

O preparo da minha prática envolveu

_____
_____

Fiz _____ repetições diárias; e depois de _____ dias, me senti

_____
_____

Ao fim, alcancei meu objetivo de

_____
_____

DESAFIO 30:
BUSCAR SAÚDE E EQUILÍBRIO
AOS ANIMAIS DE ESTIMAÇÃO

OM AH HUNG BENZA GURU PEMA SIDDHI HUNG
OM AH HUNG BENZA GURU PEMA SIDDHI HUNG
OM AH HUNG PEMA SIDDHI HUNG

"O Vajra Guru Mantra contém a essência de todos os Budas – do passado, presente e futuro –, mestres e seres realizados. Por isso, é único em seu poder de paz, cura, transformação e proteção."

O Vajra Guru mantra é tibetano, e também está entre os meus cinco favoritos. Ele aparece em várias passagens do meu livro *O Caminho do Buscador – a trilha do Bodhisattva*, na história de Kangyur. Sempre que se sentia em perigo, desamparado ou numa situação desafiadora, ele entoava esse mantra, que invoca a essência de todos os Budas (de todos os tempos), dos seres realizados, e reúne em si os poderes de paz, cura, transformação e proteção. Se você quiser saber mais sobre a história de Kangyur, sugiro que leia meu livro. É só apontar a câmera do seu celular para o QR Code ao lado.

Obviamente que você pode cantá-lo para si mesmo, mas selecionei esse mantra para os animais de estimação, pois é ótimo para o equilíbrio e a saúde deles.

Os animais são muito sensíveis à energia, então, um mantra que carrega paz, cura, transformação e proteção opera verdadeiros milagres neles, pois suas células vão simplesmente interagindo com o som e se curando.

Diário da prática

Escolhi praticar esse mantra porque
_____
_____

O preparo da minha prática envolveu
_____
_____

Fiz _____ repetições diárias; e depois de _____ dias, me senti
_____
_____

Ao fim, alcancei meu objetivo de
_____
_____

CIRCUITOS DE MANTRAS

Agora, é o momento de conhecermos alguns circuitos energéticos, formados por combinações de mantras ou por mantras específicos para cada signo astrológico, visando obter um resultado específico.

CIRCUITO 1: CURA DOS AMBIENTES E PROSPERIDADE

Tudo que acontece em nós se reflete em nossa casa, e tudo o que acontece em nossa casa se reflete em cada um de nós. Então, quando se cura a si mesmo, a casa melhora; e quando se cura a casa, quem vive ali também se cura.

Esse circuito traz paz, equilíbrio e prosperidade ao lar porque trabalha limpando vibrações invasivas que muitas vezes vêm de vizinhos ou prédios ao redor, ou mesmo de fontes que nem imaginamos, como energia telúrica e influências de antepassados.

Todo o processo será feito em nove dias no total. Serão três sequências de três dias. Você deve cantar ou deixar tocando um mantra por dia, por uma hora, no ambiente que deseja curar.

É preciso que este som esteja audível em todas as partes dele. Exemplo: se há um corredor no centro, deixe tocando lá, e mantenha as portas dos demais cômodos abertas, para que o som alcance cada um deles. Se o ambiente é de dois ou mais pavimentos, deixe um aparelho de som em cada um, fazendo o mesmo processo.

Sugiro que os mantras sejam tocados ou cantados nesta ordem:

> **1º DIA** - OM TARE TUTTARE TURE SVOHA
>
> **2º DIA** - OM GUM GANAPATAYEI NAMAHA
>
> **3º DIA** - OM EIM HRIM KLIM CHAMUNDAYEI VICHEI NAMAHA

No primeiro dia, ativamos a energia da criação e da multiplicação do que é bom, trazendo a mesma força que a Mãe Terra utiliza para que todas as sementes cresçam sobre ela. Esse mantra cria prosperidade e multiplica as coisas positivas que já estão em nossa vida, e consequentemente em nosso ambiente.

No segundo dia, removemos obstáculos que impedem a prosperidade de chegar, usando o mantra dedicado a Ganesha, associado ao desenvolvimento material e espiritual, à conquista de metas e objetivos.

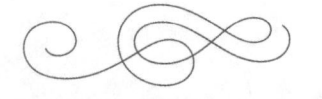

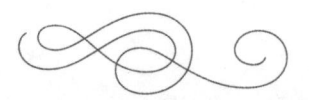

No terceiro dia, acionamos o
mantra da alegria e da boa sorte para trazer
a felicidade ao lar e às pessoas que vivem nele.

No quarto dia, comece o segundo ciclo,
repetindo o primeiro mantra. No quinto dia,
repita o segundo. E no sexto, o terceiro.

Nos dias seguintes, repita o mesmo processo,
e na mesma ordem.

Em resumo:

DIAS 1, 4 e 7 –
OM TARE TUTTARE TURE SVOHA

DIAS 2, 5 e 8 –
OM GUM GANAPATAYEI NAMAHA

DIAS 3, 6 e 9 – OM EIM HRIM KLIM
CHAMUNDAYEI VICHEI NAMAHA

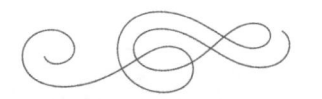

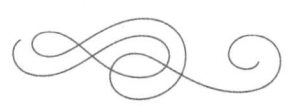

CIRCUITO 2: TRANSMUTAÇÃO E CURA

Qualquer coisa de que você não goste, em você ou ao seu redor, pode ser transmutada com a ajuda desse circuito.

São três mantras que você repetirá, cada um em separado, por 21 ou 40 dias, a julgar pela sua intuição. Sim, o processo é longo, durando 63 ou 120 dias no total!

Está enganado quem pensa que basta cantar nove vezes um mantra por uma semana, e tudo vai se resolver profundamente. Pode acontecer, mas não é comum. A pessoa até pode sentir uma melhora, mas em um aspecto superficial. Porque lá dentro, em sua alma, é necessário insistir mais nesta técnica, permanecendo por um tempo maior para que isso seja curado, afinal, os problemas que trazemos conosco são muito antigos, vêm muitas vezes até de vidas anteriores ou de laços com antepassados, e coisas assim criam raízes profundas que não são arrancadas num passe de mágica.

Há pessoas, por exemplo, que cantam mantras pela vida inteira, mas, a depender de seus karmas, apenas amenizam a situação.

Nesse circuito, são necessárias três etapas para de fato transmutar algo: remover cirurgicamente, deixar cicatrizar e ancorar um novo padrão energético no lugar.

21 ou 40 dias –
SHANTE PRASHANTE SARVA BHAYA UPASHA MANI SWAHA

(Remoção como em uma cirurgia)

21 ou 40 dias –
OM SRI MAHALAKSHMIYEI SWAHA

(Bálsamo cicatrizante)

21 ou 40 dias –
OM SHANTI OM

(Ancorar um novo padrão celular)

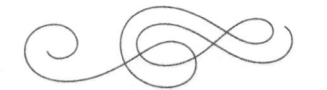

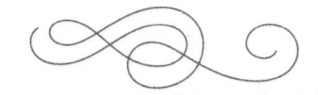

O primeiro mantra serve para a remoção do problema, seja ele qual for. É para simplesmente tirar de dentro de você algo que não deseja mais na sua vida. Seja uma dor de cabeça que já dura anos ou um trauma forte que você precisa superar, como de um abuso sexual, uma mágoa que você queira esquecer, o processo é o mesmo. Se você carrega algo que sente que não deve mais carregar, seja de ordem material ou imaterial, esse circuito é um tratamento completo.

Assim, com a mente focada naquilo que você quer que seja removido, cante nos primeiros 21 ou 40 dias, em repetições diárias múltiplas de nove, o mantra:

SHANTE PRASHANTE SARVA
BHAYA UPASHA MANI SWAHA

Em seguida, passe para o próximo ciclo de 21 ou 40 dias, que é o chamado bálsamo cicatrizante, para fechar esta área de onde a dor foi removida. Faça isso cantando o mantra:

OM SRI MAHALAKSHMIYEI SWAHA

Por fim, depois de remover
e cicatrizar, os últimos 21 ou 40 dias serão
de ancoragem de um novo padrão celular.
É o momento de dizer às células o que fazer, já que
sua programação antiga foi retirada. É a parte do
processo que as restaura em alinhamento com a
matriz divina. E para isso, cante o mantra:

OM SHANTI OM

Quanto mais arraigado for o problema, o recomendado
é que o ciclo todo dure 120 dias, ao invés de 63,
pois é quase o dobro do tempo, então, a limpeza
será ainda mais profunda.

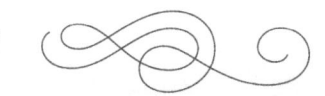

CIRCUITO 3: MANTRAS DOS SIGNOS SOLARES

Dentro da Índia, a astrologia é extremamente difundida, considerada uma ciência reveladora. Os hindus não são precursores do estudo dos astros, mas, da mesma forma que ocorreu com os mantras, foram eles que propagaram esse conhecimento ao mundo após estudos extremamente profundos.

Graças a esse povo sábio, atualmente conhecemos a astrologia kármica, que é uma fonte incrível de autoconhecimento.

Os mantras dos signos solares, quando cantados por 21 dias, em repetições diárias múltiplas de nove, revelam a você sua verdadeira natureza, e, com ela, a sua missão de vida.

Esse circuito é indicado para aquelas pessoas que estão em sofrimento, que se sentem perdidas, sem saber sua missão de vida ou qual caminho seguir.

ÁRIES – OM SRI ANGARAKAYA NAMAHA

TOURO – OM SRI SHUKRAYA NAMAHA

GÊMEOS – OM SRI BUDHAYA NAMAHA

CÂNCER – OM SRI CHANDRAYA NAMAHA

LEÃO – OM SRI SURYAYA NAMAHA

VIRGEM – OM SRI BUDHAYA NAMAHA

LIBRA – OM SRI SHUKRAYA NAMAHA

ESCORPIÃO – OM SRI ANGARAKAYA NAMAHA

SAGITÁRIO – OM SRI GURAVE NAMAHA

CAPRICÓRNIO – OM SRI SHANAISHWARAYA NAMAHA

AQUÁRIO – OM SRI SHANAISHWARAYA NAMAHA

PEIXES – OM SRI GURAVE NAMAHA

CIRCUITO 4: MANTRAS DOS PLANETAS E LUMINARES

Além dos mantras dos signos solares, há também os dos planetas e luminares (Sol e Lua) que os regem.

Então, o ideal é que se cante o mantra do seu signo junto com o do seu planeta regente – também por 21 dias, em repetições diárias múltiplas de nove –, pois isso potencializa a capacidade de receber e interpretar as revelações que chegarão até você.

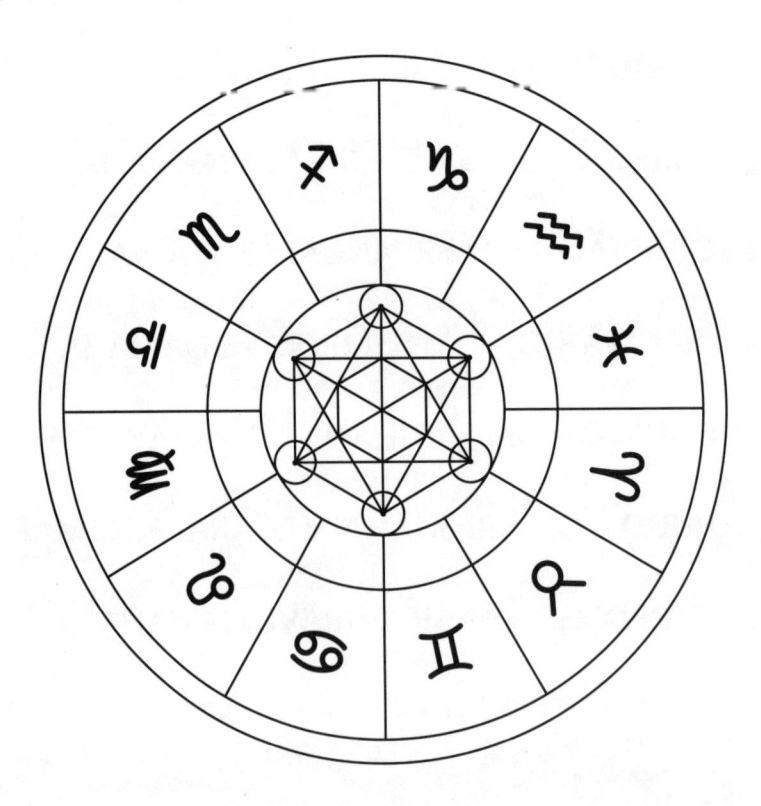

SOL (regente de Leão) –
OM KRIM HANSA SURYAYA NAMAHA OM

LUA (regente de Câncer) –
OM SOM SOMAYA NAMAHA OM

MERCÚRIO (regente de Gêmeos e Virgem) –
OM BUM BUDHAYE NAMAHA OM

VÊNUS (regente de Touro e Libra) –
OM SHUM SHU KRAYE NAMAHA OM

MARTE (regente de Áries) –
OM KUJAYE NAMAHA OM

JÚPITER (regente de Sagitário) –
OM BRIM BRAHASTAPAYE NAMAHA OM

SATURNO (regente de Capricórnio) –
OM SAN SANIAYE NAMAHA OM

PLUTÃO (regente de Escorpião) –
OM KUJAYE NAMAHA OM

NETUNO (regente de Peixes) –
OM BRIM BRAHASTAPAYE NAMAHA OM

URANO (regente de Aquário) –
OM SAN SANIAYE NAMAHA OM

DÚVIDAS FREQUENTES

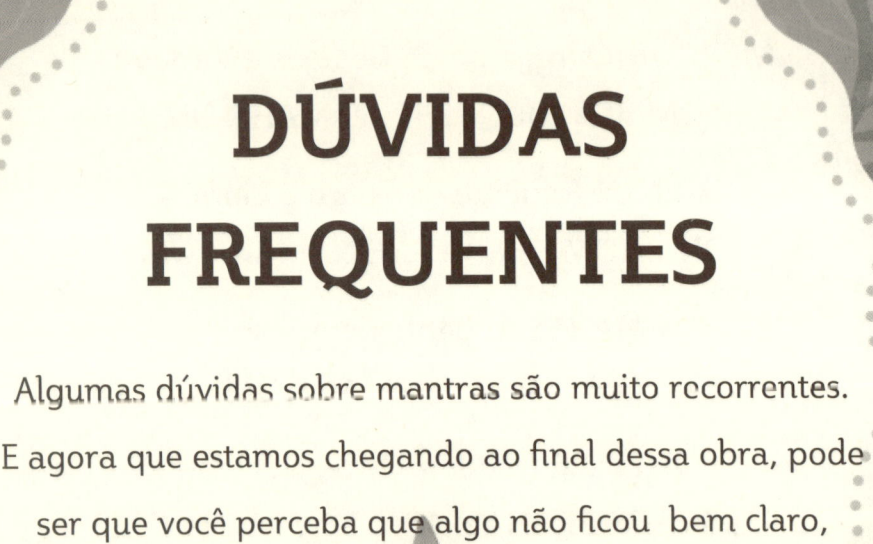

Algumas dúvidas sobre mantras são muito recorrentes. E agora que estamos chegando ao final dessa obra, pode ser que você perceba que algo não ficou bem claro, então, me antecipo e respondo por aqui.

1. O QUE SÃO MANTRAS AO CONTRÁRIO?

São tudo o que se passa na nossa cabeça e que nos faz perder o controle da nossa mente.

Quando você pensa, mas principalmente profere coisas como "que raiva", "que ódio", "que droga", "que tristeza", "eu não vou conseguir", você está fazendo um mantra ao contrário.

Assim, ao invés de cantar um mantra para melhorar a sua saúde, você está tratando de destruí-la.

2. SE EU TIVER DIFICULDADE PARA CANTAR OU DECORAR AS LETRAS DOS MANTRAS, SÓ ESCUTAR RESOLVE?

Funciona, mas, se você apenas escutar, estará praticando de forma parcial.

É bom deixar um mantra tocando no seu ambiente, obviamente que ajuda; mas é preciso um esforço do praticante para cantar junto, para decorar as letras, ou mesmo que seja consultando no papel. Deixe o medo de lado, se arrisque, e verá que é muito fácil. Com o tempo, isso fica automático.

Ao menos tente, porque quando essa vibração sai direto da sua garganta, há uma conexão com todas as células físicas e espirituais. Assim, o resultado é muito melhor, e vai trazer muito progresso em sua vida.

3. PRECISO ACREDITAR PARA O MANTRA FUNCIONAR?

Não. O mantra vai funcionar do mesmo jeito, pois ele age independentemente de crenças. Já há vários relatos de pessoas que colocaram mantras para tocar dentro de casa, e os cônjuges e familiares começaram a mudar sem nem saber por que estavam mudando. Não acreditavam, não cantavam, apenas escutavam, e se tornaram melhores em vários aspectos da vida.

4. POSSO CANTAR MANTRA PARA MINHA FAMÍLIA E PARA OUTRAS PESSOAS QUE NEM SABEM A INTENÇÃO DISSO?

Sim. Algumas pessoas são como um esteio energético-espiritual de seus lares ou ambientes de trabalho. E se elas cantam ou colocam mantras para tocar, isso gera uma reação em cadeia que vai provocar mudanças em cada ambiente.

Então, cante para sua família, para seus animais de estimação; e se você trabalha em escola, coloque num volume baixo para os alunos também.

Pode colocar onde quiser, ou então ficar com o mantra na cabeça, emanando a energia.

5. POSSO FAZER O MANTRA SÓ EM PENSAMENTO, SEM CANTAR?

Pode sim. Se você está num ônibus, trem ou avião, indo para um lugar, e começar a cantar um mantra ali, pode soar bem estranho para os demais ao redor. Nesses momentos, para não constranger as pessoas, faça em pensamento, mas lembre-se de que sempre que puder cantar, cante. Porque ao direcionar o som ao Universo, ele responde de volta com muito mais força e rapidez.

6. PRECISAMOS CANTAR OS MANTRAS DIARIAMENTE SEMPRE NO MESMO HORÁRIO?

Não é que precise ser no mesmo horário, mas acredito que quando se cria um espaço-tempo para isso, com um horário definido e um local apropriado, fica bem mais fácil ter disciplina e não abandonar a prática no meio do caminho.

É um meio de corpo, mente, alma, espírito, universo, Deus, enfim, a totalidade do seu ser compreender que aquele é o seu momento sagrado, porque assim tudo se prepara para isso.

Então, se você, por exemplo, parar todos os dias às 21h30 e cantar 10 minutos de mantras, todas as forças do universo envolvidas nessa prática estarão também voltadas para você, e isso vai transformar tanto a sua rotina quando a sua vida de uma forma muito especial.

7. SE OS MANTRAS VÊM DA ÍNDIA, POR QUE LÁ EXISTE MUITO SOFRIMENTO?

Essa é talvez a pergunta que mais me fazem...

Nós, ocidentais, somos reativos, costumamos agir mais. Já os orientais são mais passivos, introspectivos, quietos, simples, porque pensam que não precisam de tanto para viver. Isso os leva a um extremo de falta de ação, pois, como creem que toda ação sempre vai gerar um karma, eles pensam muito antes de agir.

Além disso, por terem certeza de uma vida futura, sabem, portanto, que terão uma eternidade inteira para fazerem o que precisam fazer. E nós, como em maioria não acreditamos na reencarnação por conta da cultura católica, tendemos a aproveitar a vida e fazer tudo o que der, simplesmente por julgarmos que não teremos uma vida futura.

São dois extremos opostos: um na total atividade, e outro na total passividade. E esses passivos são na verdade pessoas conformadas com a vida terrena, porque têm uma outra visão da espiritualidade. Na Índia antiga, se um indiano tivesse um dente estragado, por exemplo, ele diria "é karma, tinha de estragar mesmo", e ficaria assim. O incenso queimou e as cinzas caíram no chão? "Deixa aí, pois é um pó sagrado, abençoado", eles pensam. É comum ver na casa de um indiano montanhas de pó de incenso por todos os lados que eles nunca vão remover. Para nós, isso é sujeira, mas para eles, é sagrado. Uma cultura totalmente contrária.

Eles usam mantra para purificar o espírito, não estando muito preocupados com o corpo físico, nem com riqueza, apenas com o bem que trará à alma, porque acreditam que toda matéria é uma ilusão.

Eu não concordo com tudo no Oriente, e nem discordo de tudo no Ocidente. Buda já dizia que o melhor caminho é o do meio. O ideal é alinhar um pouco dessa ação ocidental com a paz que vem do Oriente, que assim conseguimos chegar neste equilibrado caminho do meio.

Mantras não devem ser praticados somente para purificar a alma, deixando o corpo físico e a vida financeira de lado.

Por essa razão que na Índia há tanto sofrimento, porque o foco deles não está no conforto e na segurança terrena que a matéria física pode trazer, já que creem que logo ela acabará, e começará uma outra vida.

Essa falta de preocupação é cultural, da mesma forma que para nós também é cultural esquecer do cuidado com a mente e o espírito, por termos objetivos materiais a buscar, e coisas a construir. O que vemos como sofrimento, os indianos enxergam como aprendizado.

O PONTO DE PARTIDA PARA NOVAS DESCOBERTAS

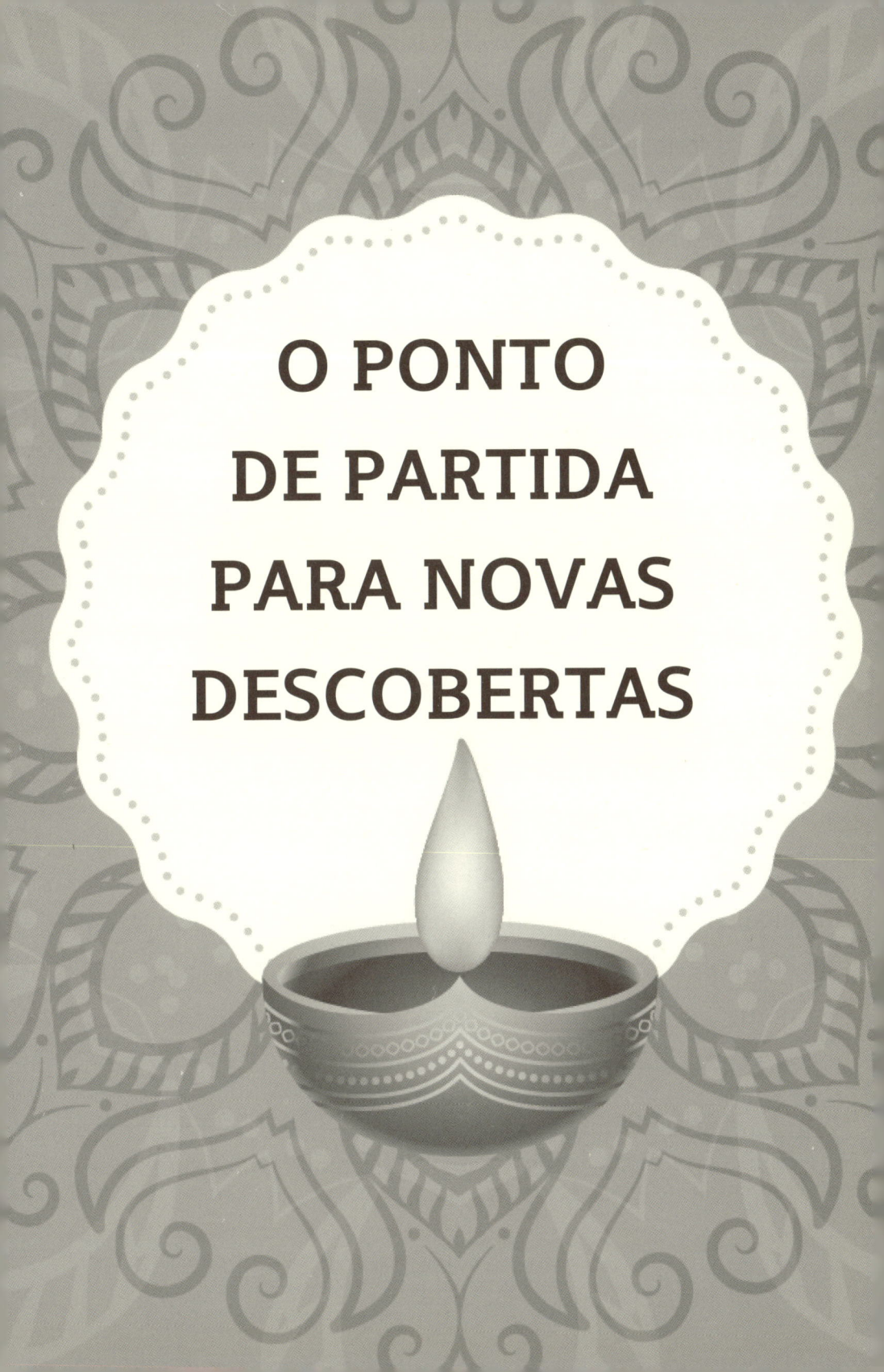

Ao longo destas páginas, você contou com um guia para conhecer os mantras. Como afirmei no início, este livro nasceu para inspirar você a buscar mais conhecimento sobre eles.

O objetivo foi trazer os mantras mais poderosos de todos os tempos para auxiliar você na sua jornada de evolução, para que você alcance resultados tão positivos que se sinta naturalmente motivado a buscar outros caminhos dentro dessa área.

Agora, se você não fizer nada, sua vida não terá mudanças, pois elas só acontecem quando praticamos. Pratique no mínimo nove vezes o mantra desejado, e gradativamente vá aumentando para 18, então 27... Ainda que seja pouco, faça! Os mantras só surtiram efeito na minha vida porque eu os pratico.

Recomendo que no começo da sua prática, você pare, medite, crie uma rotina de disciplina, com um local e um horário específicos. E assim verá que, com o tempo, pode praticá-los enquanto faz outras coisas, como dirigir, cozinhar, arrumar a casa, tomar banho...

Chegará um estágio em que o mantra estará aí, na sua cabeça, tocando como uma playlist aonde quer que você vá. Não será mais preciso fazer um circuito de mantras ou preparar uma prática, porque eles simplesmente virão à sua mente.

Coloque os mantras na sua vida, e jamais os tire dela! Porque mesmo quando estiver em uma situação difícil, de perigo, virá o mantra certo em sua mente para você cantar e enfrentar o problema.

Certa vez, o grande guru Sathya Sai Baba viu um rapaz sentado, enquanto caminhava, e disse a ele "se você não tivesse cantado o Gayatri mantra três vezes antes do seu avião decolar, ele teria caído". O rapaz ficou em choque, pois não havia falado sobre aquilo com ninguém. Algo assim é de arrepiar, não é mesmo? Depois que li essa história, adivinha? Sempre que estou num avião, eu canto o Gayatri mantra antes de decolar e também na aterrissagem.

É muito importante seguir a intuição em relação aos mantras. Frequentemente, virá um em sua cabeça; e quando isso ocorrer, cante-o. Porque com a prática, você sempre se lembrará de um para cada situação da sua vida, como um sinal claro das suas células lhe dizendo exatamente o que precisam naquele momento.

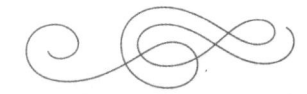

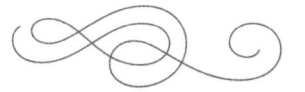

Numa prática simples de cantar mantras, você eleva sua sintonia, atrai coisas de alto padrão vibratório e transforma a sua vida. Simples assim!

Se você gostou dessa leitura, acesse o QR Code ao lado e conheça mais livros da autora:

Transformação pessoal, crescimento contínuo, aprendizado com equilíbrio e consciência elevada.

Essas palavras fazem sentido para você?

Se você busca a sua evolução espiritual, acesse os nossos sites e redes sociais:

Luz da Serra Editora no **Instagram**:

Luz da Serra Editora no **Facebook**:

Conheça também nosso **Selo MAP – Mentes de Alta Performance:**

No **Instagram**:

No **Facebook**:

Conheça todos os nossos livros acessando nossa **loja virtual**:

Conheça os sites das outras empresas do Grupo Luz da Serra:

luzdaserra.com.br

iniciados.com.br

luzdaserra

Luz da Serra®
EDITORA

Rua das Calêndulas, 62 – Juriti
Nova Petrópolis / RS – CEP 95150-000
Fone: (54) 99263-0619
E-mail: loja@luzdaserra.com.br

Desejo a você toda a iluminação, sabedoria, sorte e prosperidade que os mantras possam trazer.

NAMASTÊ!

Com amor,
Patrícia Cândido
@pat.candido